**나부터 달라지는 중**

# 나부터 달라지는 중

| | |
|---|---|
| 발행일 | 2025년 7월 10일 |
| 지은이 | 강혜진, 김미애, 김선호, 백현기, 신민진, 쓰꾸미, 안지언, 이연화, 정일인, 황은미 |
| 기획 | 백작, 이현경 |
| 펴낸이 | 손형국 |
| 펴낸곳 | (주)북랩 |
| 편집인 | 선일영 | 편집 | 김현아, 배진용, 김다빈, 김부경 |
| 디자인 | 이현수, 김민하, 임진형, 안유경 | 제작 | 박기성, 구성우, 이창영, 배상진 |
| 마케팅 | 김회란, 박진관 |
| 출판등록 | 2004. 12. 1(제2012-000051호) |
| 주소 | 서울특별시 금천구 가산디지털 1로 168, 우림라이온스밸리 B동 B111호, B113~115호 |
| 홈페이지 | www.book.co.kr |
| 전화번호 | (02)2026-5777 | 팩스 | (02)3159-9637 |
| ISBN | 979-11-7224-708-9 03810 (종이책)　　979-11-7224-709-6 05810 (전자책) |

잘못된 책은 구입한 곳에서 교환해드립니다.
이 책은 저작권법에 따라 보호받는 저작물이므로 무단 전재와 복제를 금합니다.
이 책은 (주)북랩이 보유한 리코 장비로 인쇄되었습니다.

---

**(주)북랩** 성공출판의 파트너
북랩 홈페이지와 패밀리 사이트에서 다양한 출판 솔루션을 만나 보세요!
**홈페이지** book.co.kr　•　**블로그** blog.naver.com/essaybook　•　**출판문의** text@book.co.kr

**작가 연락처 문의 ▶ ask.book.co.kr**
작가 연락처는 개인정보이므로 북랩에서 알려드릴 수 없습니다.

# 나부터 달라지는 중

## 내 삶의 변화와 성장을 위하여

강혜진
김미애
김선호
백현기
신민진
쓰꾸미
안지언
이연화
정일인
황은미

 북랩

## 들어가는 글

"친척분들은 조금 있다가 나오시고, 직계 가족만 나와서 사진 찍으세요."

초등학교가 아닌 국민학교 세대이다. 새 학년 초에는 '호적등본'을 제출하던 시대였다.

"호적등본은 한 장만 제출해도 돼요."

두 장짜리 호적등본을 받은 선생님은 약속이나 한 듯 같은 말씀 하셨다. 누나 여섯 있는 우리 가족 이름이 모두 나오려면 종이 한 장으로는 부족했다. 그러니 두 장을 제출할 수밖에. 선생님이 내 이름을 부르며, 내 호적등본을 말할 때마다 내 얼굴은 빨개졌다. 사람들의 시선이 내게 쏠리는 만큼 심장에서 쿵쾅거리는 소리가 내 귀에만 더욱 크게 들렸다.

1남 6녀. 초등학교 시절에는 주말 8시에는 한 자리에 모여서 드라마를 보는 것이 하나의 문화였다. MBC 주말드라마로 방영되었던 연속극, 제목이 '아들과 딸'이었다. 남아선호사상이 뿌리 깊었던 1960~70년대를 배경으로 이란성 쌍둥이 남매인 귀남(최수종)과 후남(김희애)의 삶과 가족, 사회적 갈등을 그렸던 드라마가 인기였다. 두 장짜리 호적등본과 귀남이 때문에 학기 초에 나에게 과도한 관심이 쏠렸다. 나와 맞지 않았고, 불편했다.

그 시절에 비밀이라는 단어는 없었다. 중학교 때에 만화 《슬램덩크》를 좋아했다. 만화를 시작으로 농구도 좋아하게 됐다. '소년 챔프'라는 주간 만화를 모아서 표지에 나오는 캐릭터를 하나둘 모았다. 다음 학기가 되면, 교과서 앞에 넣어서 비닐로 포장해서 학교에 다녔다. 중학교 1학년 때 농구하다가 오른쪽 어깨가 부러졌다. 쇄골이 부러지면 배꼽 위로 팔을 올리기는 힘들지만, 손을 자유롭게 움직이는 것은 가능했다. 골절에도 덜 다쳤는지, 처음 만난 사람들과 길거리 농구를 했다. 하루는 농구하고 집에 들어왔더니 굳은 표정으로 어머니가 나를 기다리고 있었다. 내가 농구하는 모습을 보고, 첫째 인순이 누나가 물상(지금의 과학) 선생님으로 부임한 중학교 제자들이 내가 농구했다고 전한 말이 어머니까지 잘 도착했기 때문이다. 세상에는 비밀이 없다고. 주위에서 보는 눈이 많아, 내 사생활이 없다고 한탄했다.

어렸을 때 많은 식구가 원망스러웠다. 겨울 아침 일어나면 연탄불로 끓인 물이 부족해서, 세숫대야에 받아진 찻물로 "아, 차가워!" 소리를 지르면서 씻었다. 식구가 많으니 10개씩 끓이다가 불어 터진 우리 집 '해피라면'은 맛이 없었다. 친구네 집에서 먹던 '신라면'은 꼬들꼬들해서 내 입맛에 맞아 부러웠다.

부족한 거 나눠 쓰느라 불평불만 쏟아내던 우리 남매들은 성인이 되면서 변화했다. 모두 저마다 다양한 색채를 가졌다. 누나가 많은 만큼 추억도 많았다.

나의 결혼식, 예식을 마치고 기념 촬영 시작했다. 아내와 주례 선생님과 셋이서 사진을 한 장 찍었다. 다음엔 양가 부모님과 찍었다. 신랑 직계 가족을 찍는 순서에 가족이 앞으로 나오면 사진사가 당황하며 친척은 다음 차례에 찍을 테니 직계 가족만 나오라고 했다. 우르르 걸어 나오며 누나와 매형, 조카들은 모두 한 목소리로 대답했다.

"네. 직계 가족이 맞아요."

결혼사진에 있는 직계 가족은 모두 16명이다. 사진사가 카메라를 들고 세 걸음 뒤로 가서야 겨우 모두를 담은 사진을 찍을 수 있었다. 누나들이 결혼할 때마다 친척 말고 직계만 찍으라는 사진사의 이야기를 이미 몇 번은 들었던 터였다. 이제 조카들 결혼식에서는 직계 말고 친인척 수가 대형 버스 한 대 인원 가까이 늘어가고 있다.

아버지 칠순 잔치에서 가족과 함께 한복을 맞추어 입었다. 잔치 앞 무대를 같은 한복 입은 사람으로 가득 채웠다. 어머니 칠순 때는 단체 가족 티를 맞추었다. 똑같은 옷을 입고 평범한 식당에서 저녁을 먹으면서 사진을 찍어도 다 추억이 되었다. 혼자였으면 절대로 입지 않았을 티셔츠. 18명 가족이 단체 티셔츠에 "우리가 누구? 김 여사와 그 무리임돠!"라고 글자를 새겼다. 혼자선 못하는 행동을, 다 같이 하며 장사가 잘되는 식당에서 밥을 먹었다. 식사 이후 글자 순서에 맞추고, 오른쪽 위쪽을 손가락으로 찌르는 포즈로 기념 촬영했다.

어렸을 때 가끔은 부끄럽기도 불만스럽기도 했던 많은 가족이, 성인이 되고 나니 지긋지긋한 기억마저 추억으로 만들어 준 소중한 존재임을 발견한다.

작가 열 명, 본인이 가까운 사람을 보고 느낀 기억을 공유했다. 가까운 사람으로 아버지, 어머니, 남편, 아내, 아이들. 가족이라는 단어로 묶인 사람들에 대해 썼다. 가족이기에 언제나 내 편이기를 바란다. 가끔 내 기대와 다른 반응이 되돌아와 서운할 때도 있다. 가족을 미워하고 이해하지 못해 괴로웠던 사람이, 자기 자신을 돌보며 다른 시선을 가지게 되는 경험을 모았다. 바라보는 방법이 달라진 후에 다시 가족과 연결되고, 결국은 내 삶 전체를 따뜻하게 바라본 이야기를 담았다.

내가 힘들었던 것처럼 그들도 버거웠겠구나.
나처럼 외로웠고, 나처럼 표현이 서툴렀구나.
이런 생각을 해 볼 수 있는 시간이, 일상에서 가족과의 관계를 변화되는 기회로 이어진다. 쉽지 않다. 그래서 더 가치 있다. 훌륭한 사람들의 이야기는 부담스러울 때가 많다. 친구나 선후배가 편하게 들려주는 이야기 정도로 생각하며 읽었으면 좋겠다. 변화를 시작할 수 있는 용기를 가져갔으면 하는 마음을 담았다.

1장에서는 '누구 때문에 답답합니다'를 제목으로 힘들었던 감정을 썼다. 2장에서는 '나만의 탈출구를 찾아서'를 주제로 작가들의 성장 과정을 담았다. 3장에서는 '이해하기 시작했습니다'를 중심 내용으로 태도 변화 이야기를 실었다. 마지막 4장에서는 '나 먼저 바뀌었더니 행복이 선물로'를 주제로 작가 경험을 녹였다.

나에게 '썼다'는 '극복했다'의 다른 표현이다. 내 이야기를 쓰고 나누는 것이 쉽지 않다. 내 힘들었던 경험을 돌아보면, 외로움과 오해를 껴안은 채 시간을 보냈다. 마음속엔 감정으로부터 오는 원망이 자리 잡았다. 못난 나에게 변화가 찾아온 건 뜻밖에도 '나 자신을 돌보는 연습'을 시작하고 나서였다. 내 경험이 다른 사람들에게 도움이 되었으면 하는 마음으로 시작해서 책으로 이어졌다. 가족은 가장 가까운 대상이다. 자주 만나 많은 시간을 보내는 가족이기에 행복한 감정으로 일상 누리기를 바라는 마음으로 썼다. 가족과 행복한 시간을 보내고 기억에 남는 추억을 만들 수 있도록 돕는 마음으로 썼다.

일상을 풍요롭게 만드는 작가 열 명의 비법 노트, 지금부터 시작합니다.

2025년 여름
작가 쓰꾸미

**차례**

들어가는 글                                                    4

## 1장 누구 때문에 답답합니다

다시 나로 살아보려 한다  강혜진                                15
슈퍼맨은 결혼과 함께 사라졌다  김미애                           21
그리운 엄마 때문에 답답합니다  김선호                           27
중독도 유전이 됩니다  백현기                                    33
우린 서로 몰랐다  신민진                                        39
어머니 눈이 본 세상  쓰꾸미                                      46
식목일에 만난 남자  안지언                                      52
시작은 신혼, 현실은 생존  이연화                                58
기억 속에 서랍  정일인                                          64
아직 너를, 너를 그리워해  황은미                                70

## 2장 나만의 탈출구를 찾아서

| | |
|---|---|
| 기분 좋은 변화 강혜진 | 77 |
| 나는 나의 슈퍼우먼 김미애 | 83 |
| 아픔을 딛고 일어서는 힘, '애도' 김선호 | 88 |
| 나의 삶, 이제부터 나빌레라 백현기 | 95 |
| 멀리서 봐야 예쁘다 신민진 | 101 |
| 일상을 지키는 새벽 달리기 쓰꾸미 | 107 |
| 따라가는 사람보다 이끄는 사람 안지언 | 114 |
| 나를 찾아서 이연화 | 120 |
| 나를 찾아가는 길 정일인 | 126 |
| 무서운 엄마, 무심한 엄마 황은미 | 132 |

## 3장 이해하기 시작했습니다

| | |
|---|---|
| 마흔, 불혹의 온도 강혜진 | 139 |
| 남편 덕에 인생 레벨 업 김미애 | 145 |
| 애도를 통해 깨닫게 된 엄마의 손길 김선호 | 151 |
| 내 나이 마흔, 아버지의 시간을 걷다 백현기 | 157 |
| 있는 그대로 괜찮다 신민진 | 163 |
| 냉장고에는 고추, 서랍에는 물티슈 쓰꾸미 | 169 |
| 내가 문제다 안지언 | 176 |
| 성장을 향한 한 걸음 이연화 | 182 |
| 혼자가 아니었다 정일인 | 187 |
| 나를 다듬는 엄마 노트 황은미 | 193 |

## 4장 나 먼저 바뀌었더니 행복이 선물로

| | |
|---|---|
| 혼자가 아니라, 함께 성장하는 삶　강혜진 | 201 |
| 그 덕분에, 나답게 산다　김미애 | 207 |
| 남겨진 이들을 위해　김선호 | 213 |
| 나를 돌아보니 해답이 보였다　백현기 | 220 |
| 가족이 되었다　신민진 | 226 |
| 싱크대 아래 숨겨진 진실　쓰꾸미 | 232 |
| 자기 계발에 미쳤다　안지언 | 239 |
| 변화의 결실, 가족과 나　이연화 | 244 |
| 덜어내고 나니 보이는 것들　정일인 | 249 |
| 내가 먼저 물었고, 아이는 울며 대답했다　황은미 | 255 |
| 마치는 글 | 260 |

## 1장

## 누구 때문에 답답합니다

# 다시 나로 살아보려 한다

### 강혜진

　속았다. 연애할 땐 백마 탄 왕자님인 줄 알았는데. 어젯밤, 남편은 리모컨을 손에 쥔 채 거실에서 잠들어있었다. 밤새 켜져 있던 TV를 끄고 못 본 척 살짝 그의 손을 밟았다. 남편이 몸을 뒤척이자, 재빠르게 주방으로 향했다. 그릇을 엎어두었던 건조대로 다가갔다. 어린이집에 보낼 식판과 수저를 챙겨 둘째 아이 어린이집 등원 가방을 쌌다.

　세상 느긋하게 아침 단잠을 즐기고 있는 남편을 만난 건 대학교 1학년 때였다. 길 가장자리로 나를 에스코트하며 난폭 운전을 하는 사람들에게 삿대질하던 듬직한 남자였다. 불의를 저지르는 대상이 누구든, 할 소리는 하고야 마는 당찬 선배였다. 중요하지 않은 일은 냉정하게 무시할 줄도 알고, 한 번 마음 먹은 일이라면 목표를 달성할 때까지 하나만 보고 달릴 줄 아는 남자였다. 우유부단해 보이기만 하던 강씨 집안 남자들과는 다른 모습에 끌렸다. 단호하고 고집 있어 어떤 상황에도 흔들리지 않던 모습이 특히나 멋있었다.

그런데 오빠가 아빠가 되고 나서 달라졌다. 결혼하고 나서도 한결같은 삶을 사는 남편. 아이 아빠, 한 여자의 남편으로서는 어울리지 않는 모습이었다. 그런 남자를 보며 지쳐갔다.

출근길은 매일 아침 전쟁 같았다. 다섯 살 주원이는 내가 일하는 학교의 병설유치원에 데리고 가고, 세 살 주하는 아파트 옆 동 어린이집에 보내야 했다. 두 아이를 챙겨 차에 태우고 늦지 않게 출근하려면 분초를 다투었다. 고무줄로 질끈, 흘러내리는 머리를 묶고 아이들을 먹이고 입히고 달랬다. 가장 많이 하는 말은 "빨리."였다. 정말 바쁠 땐 이름 대신 "야! 얼른!" 짜증 섞인 말로 아이들을 보챘다. 전날 건조기에서 꺼낸 빨래 더미 속에서 말없이 양말을 찾아 신는 첫째에게 고마울 따름이었다.

남편은 전쟁통이 거의 끝날 무렵에야 일어나 출근 준비를 했다. 집 앞에 있는 학교로 홀가분하게 걸어 나가는 남편의 뒷모습은 늘 여유로웠다.

아이들 등원시키고 겨우 시간 맞춰 학교에 도착하면 비로소 나만의 시간이 찾아왔다. 교실 앞 책상에 앉으면 가슴 가득 붙은 밥풀과 티셔츠에 밴 음식 자국도 그제야 눈에 들어왔다. 그래도 좋았다. 교실이 나의 피난처였다. '엄마'라는 단어 대신, '선생님' 불러주는 말이 좋았다. 아이들 칭얼거리는 소리보다 교실에서 울려 퍼지는 내 목소리 듣는 것이 더 행복했다. 수업이 끝나고 학생들이 하교한 교실의 고요함이 반가웠다. 그러나 한두 시간 여유도 잠시, 퇴근 시간이 다가올수록 마음이 급해졌다. 늦장 부릴 새 없이 일을 끝내고 가방을 챙겨야 했다. 운동장에서 더 놀다 가겠다고 보채는 주원이를 우악스럽게 카시트에 앉히고 나면 이미 온몸이 땀에 젖어 있었다. 서둘러야 했다. 까딱 늦었다가는 친구들 다 가고 혼자 엄마를 기다리던 주하는 눈물보가 터지기 일쑤였다. 퇴근길에도 출근길에서처럼 아이들에게 다정한 소리가 나오지 않았다.

　남편이 둘째 등원과 하원이라도 도와주면 좋으련만, 그는 매일 아이들에게 소리 지르는 나를 불편한 듯 바라볼 뿐이었다. 도와주겠다는 말도, 도와줄 낌새도 없었다. 귀하게 자라서 자기 귀한 줄만 알지, 아내의 고단함은 안중에도 없는 듯 보였다. 연애할 땐 그렇게 아껴주더니, 결혼하고는 손 하나 까딱하지 않았다. 차라리 강 씨들처럼 순하고 주변 눈치 보는 남자를 택할 걸 그랬나 싶었다.

자업자득, 자기 팔자 자기가 꼰 셈이었다. 누구를 탓할 수도 없었다. 스무 살, 그에게 콩깍지가 씌었던 과거의 내가 원망스러웠다. 그 원망은 점점 분노가 되고, 분노는 미움이 되었다. 안 씨 성을 가진 존재가 다 미웠다. 남편 닮은 아들도, 딸도, 시댁 식구들까지 모두.

설거지하면서도 투정을 쏟아냈다. "안 씨들이 먹은 설거지는 왜 강 씨가 다 하나?" 하고. 어쩌다 강 씨들이 고집 세다는 얘기를 들으면, "우리 집에 안 씨 셋 있는데요, 강 씨는 명함도 못 내밀어요." 하고 웃어넘기며 한숨을 삼켰다. 정작 불평 대상인 남편 앞에선 말 한마디 제대로 못 했다. 단단히 화가 나면 끝장을 보는 남편 성격을 아니까, 괜히 먼저 싸움을 걸었다가 되려 내가 다칠 게 뻔했다.

쌓인 감정을 아이에게 풀었다. 말 안 듣는다고 소리치고, 울먹이는 아이를 다그치고, 안아달라는 말을 외면했다. 아이들이 잠들고 나면 부정적인 감정을 잔뜩 묻힌 말을 후회하며 아이들을 품에 안고 조용히 울었다. 아이들이 잠든 고요한 밤이면 비로소 내가 얼마나 엉망인지 실감이 났다.

엉망인 채 겨우 버티던 어느 날, 어린이집 원장님이 책 한 권을 건네주셨다. 김미경 작가의 《꿈이 있는 아내는 늙지 않는다》. "아이 때문에."가 아니라 "나답게." 살아야 한다는 메시지가 담긴 책이었다. 꿈이 있어야 지치지 않는다고 했다. 자신이 누구인지 잊지 말아야 한다고 했다. 마음 한구석이 기대감에 간질간질해졌다. 들썩였다. 변하고 싶다는 생각이 처음으로 들었다.

좋은 엄마가 되고 싶었다. 사랑받는 아내가 되고 싶었다. 예쁜 커튼이 달린 집에서 식구들과 함께 된장찌개를 나누며 웃고 싶었다. 마음뿐이었다. 무엇을 해야 하는지는 몰랐다. 육아서를 읽으면서도 정작 나는 왜 이렇게 아이에게 화를 내는지, 어떻게 하면 다정한 엄마가 될 수 있는지는 생각하지 못했다. 남편이 변했다고 생각했지만, 어쩌면 변해야 하는 건 나였는지도 모른다.

결혼할 때 준비해야 했던 건 예쁜 드레스도, 근사한 혼수도 아니었다. 어른이 될 준비였다. 나는 결혼했지만, 홀로서지 못했다. 내 뜻대로 되지 않자, 남편 탓을 하며 화만 냈다. 결국 나를 돌보지 못한 게 힘든 결혼 생활의 시작이었다.

'지팔지꼰 인생(자기 팔자 자기가 꼰 인생)'. 그것이 스무 살에 만난 남편 탓이 아니라, 아내가 되고도, 아이를 낳고도 어른이 되지 못한 나 때문이라는 걸 늦게나마 알게 되었다.

남편에게, 아이들에게, 그리고 무엇보다 나 자신에게 말하고 싶다.

"미안해, 그리고, 고마워. 이제는 나도 조금씩 달라져 볼게."

늦었지만 멈춰 돌아보았다. 내가 누구였는지, 지금 어떤 모습으로 살아가고 있는지, 앞으로는 어떻게 살아가고 싶은지. 누구 엄마, 누구 아내 말고, 그냥 조금 어른스러운 '나'로서. 아직은 서툴고 여전히 무너질 때도 많지만, 지금부터라도 내 삶을 혼자서도 당당하게 살아보려고 한다. 남 탓 말고, 환경 탓 말고, 그냥 내 몫의 책임을 내 방식대로 다해보려 한다. 힘들면 누굴 미워하기 전에 나부터 다독이고 다시 사랑해 보는 것. 그게 내 아이들과 남편에게 해 줄 수 있는 진짜 미안함의 표현이고, 진짜 사랑이라는 걸 이제는 조금 알 것 같다.

# 슈퍼맨은 결혼과 함께 사라졌다

### 김미애

　이번 소개팅은 완전히 망했다. 설렘 가득했던 소개팅을 위해 새 옷에 정성스러운 화장까지 했건만. 눈앞의 남자는 뾰족한 스포츠머리에 무뚝뚝한 표정, 정말 내 스타일이 아니었다. 첫인상은 전혀 끌리지 않았다. 하지만 기계에 능숙한 그가 볼수록 든든해 보였다. 대학생 때 직접 조립한 컴퓨터를 친구들에게 팔 만큼 컴퓨터를 잘 다룬다고 했다. '요즘 내 컴퓨터가 자꾸 고장이 나는데 쟤가 공짜로 고쳐 줄 수도 있겠네….' 계산적인 속마음까지 생겼다. 나는 도움이 필요할 때마다 그에게 전화를 걸었다. 덜렁대고 실수투성이인 내가 기계로 곤란한 상황에 빠질 때마다, 슈퍼맨처럼 나타나 문제를 해결해주었다. 나의 사진으로 앨범과 영상도 만들어줬다. 내가 좋아하는 마라톤에 함께 뛰기 위해, 회식 다음 날 아침 술 냄새를 풍기면서 헐레벌떡 달려왔다. 숨을 몰아쉬며 뛰어오던 그의 모습이 왜 그렇게 고마웠는지. 부장 이야기로 끝도 없이 이어지던 밤의 통화도 이상하게 즐겁기만 했다. 아름다운 불꽃놀이 축제에서 나를 사랑스럽게 바라보던 그의 눈빛도 따뜻했다.

"나는 치열하게 일해서 승진하는 것보다 가족 중심으로 살면서 만년 차장으로 정년퇴직하고 싶어."

그의 진심 어린 말에 마음이 두근거렸다. 그가 점점 좋아졌다. 엄마, 아빠의 잔소리가 지긋지긋해 더는 집에서 함께 살고 싶지 않았던 서른한 살 때였다. 결혼 또는 독립, 선택이 필요했다. 이 남자와 함께라면 분명 행복할 것 같았다. 나는 망설임 없이 결혼을 결심했다.

잡은 물고기에게는 더 이상 먹이를 주지 않는다고 했던가. 결혼과 동시에 그가 변했다.

"다음 달에 우리 사귈 때 참가했던 창원 마라톤 대회 같이 나갈래?"
"싫어. 나 땀나는 운동 싫어해. 가고 싶으면 혼자 가."

"결혼도 했는데 혼자 어떻게 해. 연애할 때 마라톤 대회 함께 했잖아."
"생각도 하기 싫어. 나 술 진탕 마신 회식 다음 날, 그 마라톤 뛰고 토했어. 네가 너무 하고 싶어 하니까 억지로 한 거지. 난 등산과 마라톤이 제일 싫어."

결혼은 현실이라더니 내가 모르던 남편의 다른 모습에 나는 당황스러웠다.
갑작스러운 임신으로 방송통신대학교를 자퇴하게 되었을 때도 그랬다.

"너는 깊이 생각도 안 하고 일을 막 저질러 놓고, 중간에 쉽게 포기하는 구제 불능이야."

결혼하면 다니기 힘들 거라며 반대했던 일이었지만, 힘이 되어주던 든든한 남편은 없었다. 그의 말은 날카로운 비수처럼 내 가슴에 꽂혔다.

"남편, 컴퓨터가 또 말썽이야."
"또? 작업을 한꺼번에 하지 말고 하나씩 정리하면서 하면 되잖아."

"교감 선생님이 학교 행사 영상을 만들어 오라는데, 영상 좀 만들어 줄 수 있어?"
"자기가 할 일은 자기가 해봐야 늘지. 도와달라고 찡찡대지 말고 혼자서 좀 해."

슈퍼맨은 사라졌다. 언제나 내 편이던 다정한 남자친구는 보이지 않고, 사소한 내 말과 행동에도 차가운 눈빛으로 화를 내는 남편만 남았다. 나는 말문이 막혔고, 눈물만 흐를 뿐이었다. 결혼하면 누구보다 행복할 거라 믿었다. 하지만 그 믿음은 착각이었다. 결혼 후 믿었던 사람에게서 받은 상처와 외로움은 어떤 고통보다 깊고 쓰렸다.

생각하면 할수록 억울했다. 마치 사기 결혼을 당한 것만 같았다. 하지만 이미 혼인 신고도 했고 첫째 아이가 우리 곁에 찾아왔기에, 되돌릴 수 없는 현실에 속상했다. 남편은 결혼 생활을 하면서 자주 나의 단점을 지적했고, 무표정한 얼굴과 냉정한 말투로 나를 짓눌렀다. 나도 나의 문제점을 그 누구보다 잘 알고 있다. 하지만 문제점에 대한 정확한 지적조차 출산과 육아에 지친 나에게 상처로 다가왔다. 연년생 두 아들을 돌보는 초보 엄마의 삶은 바쁘고 힘들었다. 도움받을 친정, 시댁도 없이 혼자 아이들을 키웠다. 아이들이 잠든 틈에 싱크대에 서서 허겁지겁

밥을 먹었다. 운동은커녕 외출조차 쉽지 않았다. 임신과 출산 후 나의 몸무게는 급격히 늘었다. 맞는 옷이 없어 늘어진 티셔츠와 고무줄 바지만 입었다. 세수할 여유조차 없었다. 거울 보는 것이 두려웠다. 남편이 나를 이름 대신 "뚱땡이", "돼지"라고 부르기 시작했다. 자존심이 무너졌고, 마음은 깊은 상처로 얼룩졌다.

결혼은 서로의 진짜 모습을 마주하는 긴 여정의 시작이었다. 사랑이라는 이름으로 시작했지만, 함께 산다는 것은 단순하지 않았다. 30년을 서로 다른 환경, 가치관, 성격을 가진 두 사람이 매일, 한 공간에서 함께 살아간다는 건 예상치 못한 고통과 실망을 가져왔다.

결혼 생활이 힘든 이유는, 상대가 내 기대대로 행동하지 않기 때문만은 아니다. 나 자신 또한 누군가의 기대와는 다른 모습으로 살고 있기 때문이다. 나 역시 지치고, 실수하고, 완벽하지 않다. 아이를 돌보며 하루를 버티는 내 모습 속에는 최선의 노력이 숨어 있다. 하지만 남편은 내 노력을 보지 못했고, 나 역시 그의 무게와 피로를 이해하려 하지 않았는지도 모른다. 부부라는 이름으로 서로를 너무 쉽게 판단하고 단정 지어버린 건 아니었을까. 가끔은 따뜻한 말 한마디, 작은 이해 하나가 큰 갈등을 막아줄 수 있었음을 이제야 깨닫는다. 그가 변한 줄만 알았지만,

어쩌면 나도 변했는지 모른다. 변한 게 아니라, 서로 몰랐던 모습들이 드러난 것일 수도 있다.

함께 살아가는 일은 때로는 지루하고, 불편하고, 외롭기까지도 하다. 하지만 그 안에서 서로의 결을 알아가고, 다름을 인정하며, 마음을 조금씩 열어가는 과정은 어쩌면 사랑보다 더 단단한 신뢰를 쌓아가는 일일지도 모른다.

나는 여전히 배우는 중이다. 참는 것이 아니라, 표현하고 대화하는 법을. 기대하기보다는 기대를 내려놓고, 도와주기를. 바라기보다는 함께 하자고 손을 내미는 법을. 완벽한 사랑이 아니라, 불완전한 우리가 함께 노력하며 살아가는 사랑을 믿고 싶다.

결혼은 현실이다. 그리고 현실은, 함께 만들어 가는 것이다.

## 그리운 엄마 때문에 답답합니다

### 김선호

2023년 4월 23일, 엄마를 천국으로 떠나보냈다. 58년 개띠, 이제 겨우 65세였다. 인생은 60살부터라는 말도 있는데, 뭐가 그리 급했는지…. 벚꽃이 흩날리던 봄날 저녁, 엄마는 그렇게 조용히 눈을 감으며 영영 돌아오지 않을 머나먼 여행을 떠났다.

지금도 눈을 감으면 가장 먼저 떠오르는 엄마의 모습이 있다. 바로 하얀 물방울무늬가 있는 블랙 원피스를 입고 환하게 손을 흔들고 있는 모습이다. 유치원인지 초등학교인지 정확하게 기억이 나진 않지만, 입학식으로 수많은 사람이 뒤섞여 있음에도 나는 단번에 엄마를 찾아낼 수 있었다. 왜냐하면 엄마의 환한 미소가 단연 돋보였기 때문이다. 무엇보다도 사랑과 애정을 가득히 담아 나를 바라보던 그 눈빛과 따스함만은 지금도 생생하게 기억에 남는다.

엄마는 가족과 보내는 시간을 최우선으로 두었기에 함께한 추억이 참 많다. 봄이면 호미와 소쿠리를 챙겨 들고 함께 산으로 들로 돌아다니며 쑥을 한아름 캐서 찹쌀가루와 함께 쑥버무리를 해 먹곤 했다. 직접 캔 냉이와 달래로 만든 양념장과 고사리나물과 함께 비빔밥을 해 먹으면 밥 두 그릇은 기본이었다. 그리고 꽃을 좋아했던 엄마를 위해 한참 동안 산을 헤매며 할미꽃을 캐와 집 앞 화단에 심기도 했다. 여름이면 앞마당에서 키운 오이를 잘라 한껏 달아오른 얼굴과 땀띠가 난 등을 진정시키기도 했고, 마루에 모기장을 펼쳐 놓고 옥수수랑 수박을 먹으며 도란도란 밤새 이야기꽃을 피우기도 했다. 가을에는 바짝 마른 낙엽을 모아다가 불을 지펴 여름에 수확한 고구마를 구워 먹기도 하고, 겨울에는 무릎까지 쌓인 눈으로 눈사람을 만들면서 꽁꽁 언 손발을 따끈따끈한 호빵과 호박죽으로 녹이기도 했다. 지금 생각해 보면 신나게 뛰어다니기 좋아하는 철부지 어린 발걸음과 항상 나란히 걸었던 엄마는 체력이 참으로 좋았던 것 같다.

중학교에 진학하고 하교 시간이 늦어져도 엄마와 함께하는 시간은 여전히 계속되었다. 집이 워낙 시골이었던 터라, 집으로 오는 버스는 한 시간에 한 대뿐이었다. 엄마는 내가 집에 올 시간에 맞추어 버스 정류장에서 기다렸다가, 함께 석양을 바라보며 걸었다. 고등학교에 가서는 산책 시간이 저녁 10시 이후로 늦춰졌다. 아무리 늦게 오더라도 엄마랑 30분 정도는 꼭 걸었는데, 우리만의 법칙이 있었다. 가로등이 많지 않은 시골길은 위험하기에, 멀리 가지는 못하고 이쪽 끝에 있는 맨홀 뚜껑을 밟았다가 저쪽 끝에 있는 맨홀을 밟고 돌아서며 같은 자리를 맴돌며 걸었다. 그렇게 우리는 함께 맨홀 뚜껑을 수없이 밟으며 매일 각자의 하루에 대해서 떠들어 댔다. 엄마와의 수다 데이트는 대학에 진학하고 직장을 다니면서까지도 기나긴 통화로 이어졌다. 그렇게 엄마는 내 인생의 동반자이자, 최고의 친구였다.

2010년, 나의 세상이자 우주였던 엄마가 한순간에 무너졌다. 누전으로 인해 본가에 화재가 연달아 나게 되면서 전역 휴가를 통해 보수 공사를 돕고 있던 때였다. 밤새 끙끙 앓던 엄마가 같은 꿈을 계속해서 꾸는데, 까만 구렁이가 자꾸 가슴으로 훅 들어온다고 하였다. 혹시나 해 바쁜 일정을 쪼개 엄마는 병원을 다녀왔고, 유방암 3기 말이라는 청천벽력 같은 진단을 받았다. 아니, 암이라니…. 도무지 믿을 수가 없었다. 담당 의사는 가족들을 모아놓고 말했다. 워낙 암이 많이 진행된 상태라서 수술을 하더라도 생존 가능성이 크지 않기에 수술 여부를 결정하라 하였다. 고민할 필요도 없었다. 단 1%의 가능성이 있더라도 엄마를 살리는 방법을 선택해야 했다. 엄마는 차가운 수술대에 올라 장장 19시간이라는 수술을 했다. 그리고 회복실에서 나와 병실로 돌아오던 순간, 하얗게 일어난 엄마의 입술에서 조용하게 외마디가 흘러나왔다. 그 한마디는 울지 않겠다고 다짐했던 나의 눈물샘을 건드렸다.

"차라리 죽여줘…."

강인했던 엄마는 17번의 항암치료를 견뎌내었다. 평일에는 내가 엄마 곁을 지켰고, 주말에는 누나가 내려와 병간호했다. 저리는 손발이 끊어질 것 같다고 하면서도 엄마는 단 한 번도 우리에게 화내거나 짜증 내지 않았다. 오히려 누나와 내가 수고한다며 차려주는 밥상을 끌어당기며 한 수저라도 더 먹어보려고 노력했다. 그리고 조금이라도 더 걷고 운동하려고 애를 썼다. 그런 피나는 노력 덕분에 엄마는 조금씩 컨디션을 되찾아갔다. 중간에 폐와 뼈 곳곳에 전이가 되기는 했지만, 그래도 누나와 내가 결혼할 때에 혼주석 자리를 지켜 주었다. 그리고 조카와 딸이 태어날 때에도 함박웃음을 지으며 가장 먼저 축복 기도를 해주었다. 언제나 엄마는 내 삶의 한 부분으로 항상 함께할 것만 같았다.

2023년 4월 벚꽃이 흐드러지게 피어난 어느 봄날이었다. 비록 복수에 물이 차고 뼈와 간을 비롯한 여러 장기에 전이가 되어 안색이 안 좋아지기는 했지만, 어제까지만 하더라도 농담을 주고받을 정도의 상태였다. 화장실도 혼자 걸어서 가던 엄마와의 이별이 이렇게 갑작스럽게 찾아올 줄은 생각지도 못했다. 갑작스레 엄마 가슴과 코에 달려 있던 의료기기에 빨간 불이 들어오고 날카로운 소리를 내기 시작했다. 병원의 전화를 받고 서둘러 달려가는 동안, 나는 이번에도 엄마가 훌훌 털고 일어날 것 같다는 생각을 했다. 언제나 그랬듯 말이다. 그러나 병원에 도착해서 이미 살짝 혼탁해진 눈동자와 가쁜 숨을 몰아쉬는 엄마를 보는 순간, 나는 직감적으로 알 수 있었다.

'이제는 진짜 마지막이구나….'

엄마는 그렇게 의식을 잃은 지 이틀 만에 흩날리는 분홍 벚꽃과 함께 천국으로 떠났다. 정신없이 삶에 치여 지내다 보니 벌써 엄마가 떠나간 지 2년이 다 되어가고 있다. 그러나 나는 여전히 엄마가 그립고 사무친다. 아니, 시간이 지나면 지날수록 더 엄마가 보고 싶어지고 가슴이 미어진다. 특히 엄마가 떠나던 그날처럼 벚꽃이 피어나 온 세상이 분홍빛으로 물들어가는 4월이 되면 엄마를 잃어버린 어린아이처럼 주체할 수 없는 눈물이 흐르고 정신을 차릴 수가 없다.

평생 딸로서, 아내로서, 엄마로서만 살아가며 자신의 삶을 충분히 누리지 못했던 사람. 넉넉지 못한 형편에도 항상 누나와 나에게 모든 것을 주고 싶어 피나는 노력을 했던 사람. 아무리 어렵고 힘든 상황에도 항상 미소를 잃지 않고 따뜻하게 안아주었던 사람. 언제나 가족을 위해 눈물로 기도했던 엄마를 만날 수 있다면 한 가지만 묻고 싶다.

'그동안 고생할 만큼 다 했으니 이제 아들딸과 손녀들의 사랑 안에서 그저 편하게 누리기만 하면 되는데, 뭐가 그리 급해서 벌써 떠나야만 했어? 아직도 물어보고 싶은 것도, 함께 하고 싶은 것도 이렇게 많은데 말이야. 난 아직도 엄마가 필요한데….'

지금도 환하게 웃고 있는 가족사진을 보면 아직도 나는 눈물이 왈칵 쏟아진다. 엄마를 떠올리기만 해도 여전히 가슴이 무겁고 답답하기만 하다.

나는 오늘도 엄마가 사무치게 그립고 또 그립다.

## 중독도 유전이 됩니다

**백현기**

건널목 앞에서 신호를 기다리는데 갑자기 숨쉬기가 힘들었다. 신호등 기둥에 오른손을 짚고 잠시 기댔다. 상황이 나아지기만을 기다릴 수밖에 없었다. 정신과 치료와 약을 꼬박꼬박 먹고 있으니 금방 괜찮아질 거라고 애써 나를 다독였다.

서른 살의 여름, 갑자기 공황장애가 생겼다. 직장 문제와 가족과의 불화 등 악재가 겹쳤던 시기였다. 연달아 찾아온 불행 속에서 매일 아침 눈을 뜨고 싶지 않았다. 병원에서는 심한 우울증이 원인이라고 했다. 팔다리 한군데 부러졌을 땐 병원을 찾아 치료하면 금방 낫는다. 하지만 마음은 보이지 않아 오래 방치되어 곪아버리곤 한다. 시끄럽게 통화하는 사람, 굉음을 내며 지나가는 오토바이와 경적을 울리는 자동차 사이에서 나는 마치 보이지 않는 사람이 된 것 같았다.

옆에서 지켜보던 아주머니 한 분이 괜찮으냐며 말을 걸었다. 호흡을 가다듬었다. 괜찮다는 듯 왼 손바닥을 펴 좌우로 흔들며 고개를 끄덕였다. '어디서부터 잘못된 걸까?' 어렸을 때도 사람이 많은 곳에 있을 땐 유독 긴장을 많이 했다. 학교 친구들의 눈을 마주치지 못해 상대방을 무시한다는 오해를 받은 적도 있었다. 부모님께 말해봤지만, 오히려 소심한 내 성격 탓을 하셨다. 성인이 되어서도 소극적인 성격은 쉽게 고쳐지지 않았고, 직장에서도 잦은 오해를 샀다. 한번은 과장님과 회의하는데, 딴 데 쳐다본다고 엄청나게 혼난 적 있다. 오해가 반복될수록 마음속에는 자책과 비난이 쌓였다. 나를 바꾸고 싶어 정신과 상담을 받고 약을 먹었지만, 잠시뿐이었다. 이 상황에서 벗어나고 싶었다.

중독과 심한 우울증 때문에 죽을 생각도 했었다. '차라리 죽으면 지금의 고통을 느끼지는 않을 테니, 이후의 일은 그때 가서 생각하자!' 했다. 혼자 있는 밤, 구체적인 계획을 세우기 위해 인터넷 검색창에 '아프지 않게 죽는 법', '자살'을 검색했다. 대부분 관련 정보를 찾기 어려웠다. 일부 커뮤니티 게시판에 나와 비슷한 생각을 하는 사람이 모여 있는 곳을 어렵게 찾아냈다. 영화에서 본 것처럼 함께 자살을 모의하는 사람도 있었고, 죽음 이후를 위해 어떤 일을 준비해둬야 하는지 글을 쓴 사람도 있었다.

내가 선택한 건 미리 처방받아 놓은 수면제였다. 머릿속으로만 상상했던 일들이 점점 선명해지자 아직 실행으로 옮기지 않았는데도 구역질이 났다. 화장실로 가 저녁때 마신 술과 음식을 전부 토해냈다.

아버지께서 알코올 중독을 앓으신 적 있다. 물건을 집어 던지고, 어머니를 때리면서 욕설을 내뱉는 아버지를 보며 나는 아버지의 술 취한 모습에 질려버렸다. 그 끔찍한 광경은 어린 나에게 깊은 상처로 남았고, 아버지에 대한 원망은 뿌리 깊게 자리 잡았다.

부모님께서는 초등학교 앞에서 돼지국밥 장사를 10년 넘게 했다. 처음엔 장사가 잘됐다. 하지만 주변에 여러 식당이 생겨나면서 손님이 뜸했다. 아버지께서는 어디에서 술을 그렇게 마셨는지 몰라도 밖에 나갔다가 돌아오시면 많이 취해 있었다. 그러고는 자신이 사장이라며 오늘 장사 안 한다고 한참 저녁 식사 중인 손님을 내쫓은 적 많았다. 말리는 어머니를 미는 바람에 손가락뼈가 부러진 적도 있다. 참다못한 내가, 주방에서 칼을 들고나와 휘두르며 쫓아냈다. 힘으로 어찌할 수 없으니 어머니를 지키려는 방법이었다.

다음날이면 언제 그랬냐는 듯 아버지께서는 '모르쇠' 자세를 일관했다. 차라리 기억나지 않는다고 해서 다행이었다. 어쩌면 아버지를 향해 칼을 휘두른 불효자식이 되었을 테니까. 다만 아버지와 몸싸움을 벌이며 어질러진 가게의 흔적은 고스란히 남아있었다. 다행히 내가 대학교를 졸업하고 곧바로 직장에 취업하면서 아버지는 중독센터를 다니셨고 많이 나아졌다. 분명 당신의 삶이 쉽지는 않았을 것이라는 걸 알고 있지만, 10대 시절 내 기억 속 아버지의 모습은 술에 취해 행패를 부리던 알코올 중독자, 그 이상도 그 이하도 아니었다. 나는 그 모습이 무서웠다. 겉으로 괜찮은 척 아버지를 대했고 성인이 되어서도 속이야기 나눈 적 별로 없었다.

  직장에서 업무 실수가 잦아지면서 몇 년째 승진 예정자 명단에서 내 이름이 빠졌다. 마음속 불안과 고민을 가족에게 말하지 못했다. 대신 친한 동료들과 자주 술을 마셨다. 위로를 받겠다는 핑계였다. 처음엔 좋았다. 달콤한 소주 한 잔이면, 그날 있었던 기억이 지워졌고, 두 잔에 새로운 계획을 세울 수 있었다. 하지만 두 병, 세 병 그렇게 나는 아버지를 닮아갔다. 두려웠다. '혹시라도 내가 아버지를 닮으면 어떡하지?' 거울에 비친 내 모습에서 원망의 대상이었던 아버지가 보이기라도 하는 날엔, 내 삶에 답은 없어 보였다.

  그때 어머니가 중간 역할을 했다. 아버지도 많이 반성하고 있다며 고향에 들러 부자지간 속 시원하게 이야기 나누라고 했다. 그렇게 말씀하시는 어머니도 이해가 안 됐다. 아버지 때문에 부러지고 깨진 어머니의 시간이 평생이다. 그때마다 어린 내가 눈에 밟혀 도망 못 쳤다며, 오히려 미안하다는 말을 했던 사람이다. 진짜 잘못한 사람은 따로 있는데.

아버지의 환갑 잔칫날, 나는 아버지께 무슨 말을 해야 할지 몰라 초조했다. 어색한 분위기 속에서 식사가 진행되었고, 나는 애써 미소를 지으며 아버지께 축하 인사를 건넸다. 그때 어머니가 아버지께 드리라며 봉투를 건네셨다. 그동안 다른 식당에서 아르바이트로 설거지하며 모은 돈이었다. 식사 비용 준비하느라 다른 선물을 준비하지 못한 내 주머니 사정을 아셨을 터다. 축하한다고 말씀드리며 봉투를 손에 쥐어 드렸다. 뒤이어 다른 친척들도 돌아가며 축하 인사말을 건네고 있어 곧바로 자리로 돌아와 앉았다. 곁에서 지켜보던 어머니가 뒤따라와 손을 꼭 잡아줬다.

돌이켜보면 아버지도 나름대로 힘든 시간을 보내셨을 것이다. 사업 실패 후 가족을 부양해야 한다는 책임감에 짓눌려, 얼마나 힘드셨을까. 나는 아버지의 고통을 이해하려 하지 않고, 그저 원망만 했던 나 자신이 부끄러웠다.

눈물과 후회로 뒤얽힌 삶, 앞으로도 바뀔 것은 없으리라 생각했다. 그러나 세상에 영원한 건 없었다. 한파주의보가 내리는 추운 겨울도 끝은 있기 마련이고, 반대편에서 봄이 기다린다는 걸 이제는 안다. 내 삶의 길 위에 불쑥 튀어나온 '중독'이라는 돌부리에 걸려 넘어지지 않았더라면 지금의 나는 없었을 터다. 처음엔 그 돌을 피하기만 급급했지, 뽑아내 디딤돌로 삼을 생각은 못 했다. 지금은 보이기만 하면 뽑아 다음 발 디딜 곳에 놓는다.

오랜 시간 아버지와의 갈등 덕분에 내면 깊숙이 자리 잡은 상처가 드러났다. 이제는 묵혀두었던 원망을 내려놓으려 한다. 그 대신 나 자신을 치유하는 길을 찾고 싶다. 글쓰기는 이 상처를 치유하는 과정이자, 한층 더 성숙한 나로 나아가는 여정이 될 것이다.

어느덧 그때의 아버지 나이가 됐다. 이제는 "지나고 나니 다 추억이더라."라며 덤덤하게 이야기할 수 있게 됐다. 세상이 나를 투명 인간 취급하더라도, 나는 나만의 땀과 노력으로 나를 채우려 노력 중이다. 삶은 결론이 아닌, 앞으로의 결심이 전부니까. 그때의 아버지 역시 자신의 중독을 이겨내셨을 테니, 내가 하지 못할 일이 어딨겠느냐며 자리에 앉아 노트북 위 두 손에 힘을 주어 글을 쓸 뿐이다.

아버지와의 화해를 통해 비로소 진정한 가족의 의미를 깨달았다. 과거의 상처는 여전히 아물지 않았지만, 서로를 이해하고 존중하며 우리는 이제 새로운 관계를 만들어 나갈 것이다. 이제 나는 아버지의 아픔을 보듬고, 든든한 버팀목이 되어 드리고 싶다.

# 우린 서로 몰랐다

## 신민진

'나를 잘 알아주는 든든한 사람이 생기는 거라고?'

먼저 결혼한 언니들이 그랬다. 결혼 생활이 쉽지 않지만 좋은 점 하나는 있다며 입을 모아 했던 말이었다. 다른 건 몰라도 그런 이유라면 해 볼 만하다고 생각했다. 그런데 결혼하고 몇 달을 살아보니 전혀 아니었다. 서로를 잘 알아주기는커녕 점점 더 멀어지는 느낌이었다. 남편과 나 사이는 분명 뭔가 잘못된 것 같았다.

몇 개월 주말부부로 지내다 시댁 근처에 신혼집을 꾸렸다. 이사하고 세 번째 날이었다. 남편은 아침밥을 먹고 일찍 교회에 갔다. 혼자 남은 집안에 적막이 감돌았다. 짐 정리를 하려다 자동차 열쇠를 집어 들고 집을 나섰다. 오랜만에 운전석에 앉자 불룩 나온 배가 핸들에 닿았다. 독감 후유증으로 남은 기침 탓에 몸이 들썩일 때마다 배가 조여왔다. 임신 8개월, 제법 부른 배를 감싸안고 천천히 가속페달을 밟았다. '늘 하던 운전인데 뭐.' 지도에서 미리 확인해 둔 성당을 찾아 출발했다. 동네가 낯설어 길을 찾는데 온 신경이 곤두섰다. 성당 입구를 한번 지나칠 때까진 괜찮았다. 그런데 두 번째로 놓치고 시간이 촉박해지자 남편을 향한 서운함이 새어 나왔다. '한 번만 같이 가주면 안 되나.' 간신히 성당 안에 들어섰지만, 빈자리는 없었다. 부른 배를 감싸며 사람들 틈에 겨우 앉았다. 어딜 가도 내 자리가 아닌 것 같았다.

"박 서방이 안 데려다줬어?"
"교회 갔지. 시간이 같잖아."
"그래도 그렇지. 이사하고 처음 가는 건데 좀 데려다주지. 홑몸도 아닌데."
"에이, 뭘. 그냥 다닐 만해! 내비 찍고 가는데 뭐. 내가 알아서 할게."

미사가 끝난 뒤, 때마침 걸려온 친정어머니 전화에 괜히 짜증을 내버렸다. 남편에 대한 서운함이 다른 데로 향하고 말았다. 아파트 주차장에 도착했지만, 텅 빈 집으로 혼자 들어가는 게 망설여졌다. 차 안에 한참을 앉아있자니 괜스레 처량한 기분이 들었다. 남편이 올 때까지 무엇을 할까 잠시 고민하다 가까운 백화점으로 발길을 돌렸다. 가만히 있는 것보다 걷는 게 나을 것 같았다. 살 것이 딱히 없으니 시간은 더디 갔고 다리가 아파 왔다. 두 시간쯤 지났을까. 손에 쥐고 있던 휴대전화가 울렸다. 밝아진 화면에 '남편'과 빨간 하트가 반짝였다. 예상보다 이른 전화였다.

"어디야? 나 나왔어. 밥 먹자."
"교회에서 먹고 늦게 온다더니? 난 미사 끝나고 백화점 왔어. 그냥 좀 걸어 다니려고."
"그래? 더 볼일 있으면 천천히 봐. 난 다시 교회 들어가도 돼."

김이 확 샜다. 두 시간을 기다린 나에게 볼일을 더 보라니. 교회의 일정도, 남편의 생각도 잘 모르니 빨리 오라는 말이 입 밖에 나오질 않았다. 각자 상대를 위한다며 했을 말일 텐데 대화는 엉뚱하게 흘러갔다. 부담을 주기 싫었던 내 의도와 배려를 생각한 남편의 말이 결국 서로의 마음에 닿지 못했다.

나른한 일요일 오후, 남편과 나란히 앉아 예능프로그램을 보고 있을 때였다. 남편이 걸려온 전화를 받더니 들뜬 표정으로 말했다.

"이 근처에서 교회 친구들이 공차고 있다는데 나갔다 와도 돼?"

잘못들은 줄 알았다. 묻는 말이었지만 남편의 몸은 이미 반쯤 일으켜져 있었다. 내 기분과 다르게 밝아진 남편의 표정을 보는 순간 얼굴이 화끈 달아올랐다. 아무도 모르는 낯선 곳에 오직 남편만 보고 이사 왔다. 이곳에서 맞이하는 첫 주말이었다. 임신한 아내를 혼자 두고, 놀러 나간다며 즐거워하는 그의 모습에 어깨부터 목덜미까지 서늘하게 굳어졌다. 뭐라고 대답해야 할지 몰라 입술만 달싹이다가 마음에도 없는 말을 해버렸다.

"가고 싶으면 갔다 와."

참으려 했지만, 눈물이 자꾸 비집고 나왔다. 왜 우냐고 묻는 남편이 낯설어 나는 한동안 울었다.

결혼은 했지만, 우리는 서로를 잘 몰랐다. 생각이 달라도 너무 달랐고, 서로의 마음을 조금도 알아채지 못했다. 자신에게 익숙한 것들을 지키느라 상대에 대해 알려고도 하지 않았다. 무관심을 존중이라고 착각하기도 했다. 말이 통할 리가 없었다. 같은 낱말로 다른 이야기를 하곤 했다. 대화가 안 되는 남편이 답답했고 결혼 생활이 숨 막혔다.

거주지부터가 문제였다. 나는 내가 살던 대전을 떠나기 싫었고, 남편은 자신이 사는 인천에서 함께 사는 게 당연하다고 생각했다. 몇 개월 주말부부로 지내면서 남편이 대전으로 와 주었지만, 출산을 앞두고 결국 인천으로 살림을 합치게 되었다. 함께 살아도 일요일이면 나는 성당에, 남편은 교회에 갔다. 아기를 낳은 후부터는 시부모님이 아기를 보러 집에 오셨다. 남편이 답답한 것보다 시부모님과의 관계는 더 어려웠다. 서랍과 냄비 뚜껑을 열어보시는 시어머니가 불편했다. 식탁 위에 있는 빵을 보시고 "아니, 빵을 돈 주고 사 먹어?" 하며 나무라시는 시어머니의 생각을 이해하기 힘들었다. 남편의 처지도 비슷했다. 한번은 친정 부모님이 사위 입으라며 밝은색 티셔츠 두 장을 사 오셨다. "아기 놀아줄 때 밝은 옷 입으라고." 웃으며 말씀하시는 친정어머니의 말에 남편은 부담스러워했다. 그는 옷으로 이런저런 이야기를 하는 게 싫다고 했다. 처음 겪어보는 낯선 세상이었다. 나는 나대로 남편을 이해시키려고 애썼고, 남편은 시어머니 입장을 구구절절 설명해주느라 애썼다. 뜨겁게 싸우거나 냉랭하게 입을 닫는 과정이 반복되었다. 상대를 알아가려는 노력 없이 내 것만 이해시키려고 하며 우리는 건널 수 없는 넓은 강을 사이에 두고 살았다.

생각해 보면 결혼을 결심할 만큼 좋았던 시절이 있었다. 2013년 여름, 베트남 배낭여행을 하며 남편을 처음 만났다. 우연히 호찌민에서 무이네로 이동하는 버스를 같이 탔고, 무이네 여행을 하는 동안 인연처럼 계속 마주쳤다. 로맨스 영화처럼 모든 순간이 낭만으로 가득했다. 한국에 돌아와서 한 달 만에 결혼하겠다며 양가 인사를 드렸다. 맑은 눈을 가진 그를 보며 결혼에 확신을 품었었다. 왜 그렇게 서둘렀는지 모르겠다. 결혼식까지 두 달이라는 시간 동안 식을 준비하며 닥친 문제를 해결하느라 바빴다. 결혼해서 어떻게 살아갈지 이야기 나눌 겨를도 없었다. 서로를 잘 알지 못한 채 휩쓸아쳐서 시작된 결혼 생활은 그야말로 쓴맛이었다. 사사건건 부딪치기 일쑤였고, 그때마다 눈치를 보거나 서로 으르렁댔다. 그의 맑은 눈은 굳어진 얼굴 속에 감춰져 버렸고, 아기를 바라보느라 눈을 마주치는 일조차 드물었다. 첫 단추조차 제대로 끼우지 못하고 시간에 휩쓸려 살아가고 있었다.

결혼 준비라는 것은 결혼식 준비가 아니라 결혼하고 사는 삶을 준비하는 것이라고 다시 깨닫는다. 드레스를 고르고 신혼여행지를 정하는 것보다 매일매일을 살아갈 결혼 생활을 함께 그려보고, 더 많이 이야기를 나누었어야 했다. 고민한다고 문제가 생기지 않는 건 아니겠지만 최소한 서로의 생각을 짐작하고 이해하기 쉬웠을 터다. 행복한 신혼 생활을 만들고 싶어 문제를 적당히 덮고, 평화롭기 위해 싸움을 피했던 노력이 곪아가고 있었다. 남편이 답답한 사람이라고 생각했지만 우리는 각자 헤매고 있었다. 어긋나버린 관계에 선을 긋고 내 자리에서만 발버둥치고 있었다. 강을 사이에 두고 상대가 먼저 건너와 주기만을 바랐다. 결혼은 서로에게 다리를 놓는 일이 아니었다. 낯선 강물로 함께 뛰어들어야 했다. 강물에서 새롭게 살아남아야 부부가 탄생한다는 걸 그땐 몰랐다.

# 어머니 눈이 본 세상

## 쓰꾸미

'쿡쿠하세요. 쿡쿠'

저녁 식사를 준비하면서 들리는 소리다. 이 소리가 들리면 어렸을 적 밥통 사건 떠오른다. 1남 6녀의 막내로 자랐다. 초등학교 4학년 때까지 큰 솥에 밥을 했다. 요즘은 쌀을 씻어 물과 함께 전기밥솥에 넣고 취사 버튼만 누르면 밥이 지어진다. 어렸을 적엔 솥에 밥을 지었다. 쌀을 찬물에 두세 번 깨끗하게 씻고, 손등까지 물을 맞춘다. 가스레인지에 불을 켜고 끓인다. 물이 끓기 시작하면 강한 불에서 약불로 줄이고 10분 정도 기다린다. 더 약한 불로 줄여서 5분 정도 더 기다린다. 이때 솥뚜껑을 열어, 밥을 아래와 위를 섞어야 한다. 불을 끄고 가만히 10분 정도

뜸을 들여야 한다. 번거로운 과정을 거쳐야만 고슬고슬한 밥이 완성된다. 갓 지은 밥은 김치와 김만 있어도 군침이 돌았다. 수박 한 통이 들어가고 남을 만한 솥에 밥을 하더라도, 한 그릇씩 밥을 퍼내고 나면 어머니는 늘 숟가락으로 바닥을 긁어 누룽지를 드셨다. 많은 식구들, 밥에 민감했다. 볶음밥을 하면, 프라이팬에 피자 조각처럼 선을 그어서 먹었다. 까딱 금이라도 넘으면 휴전선 넘은 것마냥 일촉즉발 전쟁이 벌어지곤 했다. 그러니 늘 한 솥 가득 밥을 만들어 두어야 마음이 편했다. 이런 강박은 내가 성인이 되고 난 후에도 이어졌다. 밥통에는 늘 밥이 가득 있어야 든든했다.

어머니에게도 전기밥솥이 생겼다. '쿡쿠' 하라며 하루 세 번 꼬박 일하던 전기밥솥은 쉬는 날 없이 일하다 이곳저곳 망가졌다.

'증기 배출을 시작합니다'라는 안내가 들리면, 어머니는 칼을 들고 밥솥을 향하셨다. 어머니는 밥솥 위 증기 배출구를 칼로 열어서 안쪽 증기를 억지로 빼냈다. 어머니가 화상이라도 입지 않을까, 끼니마다 위험해 보였다. 기분 탓인지 밥맛이 점점 푸석해져 갔다.

일주일 정도 지나고 윤정이 누나가 새 밥솥을 사 왔다. 엄마 생각해 밥솥을 사서 들고 온 누나는 어머니에게 멀쩡한 밥솥을 두고 돈 낭비했다며 큰 소리를 들었다. 식구들 모두 성인이 되어 하나둘 따로 나가 살아 집에서 밥 먹는 사람이 줄었는데, 아직 멀쩡한 밥솥은 왜 버리냐며 새 밥솥을 환불 해 오라고 어머니가 소리치던 그날이 아직 기억난다. 수리 비용이나 새로 사는 돈이나 별 차이가 없다며 윤정이 누나도 지지 않고 고집을 부렸다. 그 자리에 있었던 문경이 누나는 어머니 편도, 윤정이 누나 편도 들 수 없다고 했다. 진작에 새 밥통 하나 사고 싶었지만, 주머니 사정이 넉넉지 않아 미안해하던 문경이 누나는 아무 말 못 하고 눈치만 보고 있었다.

결혼하고 아이 낳은 후에도 한 달에 한 번 이상 본가에 들렀다. 아들과 딸 얼굴을 보여드리고, 함께 식사했다. 밥 먹고 오는 길에 늘 어머니 심부름으로 은행에 들러 만 원짜리로 백 장 뽑아다 드렸다. 현금 뽑아오는 일만은 어머니가 직접 하지 않고 꼭 나에게 시키셨다. 바쁜 일 때문에 월말에 집에 못 가면, 승미 누나가 대신 뽑아다 드렸다고 했다. 요즘 현금을 사용하는 사람이 없다며, 어머니께 카드를 사용하시라고 말씀드렸다. 그때마다 어머니는 카드로 결제하면 통장 잔액이 얼마나 남았는지 안 보인다며 불편해하셨다. 체크카드를 사용하면, 얼마를 썼는지, 통장 잔액이 얼마나 남았는지 문자로 받아볼 수 있으니 걱정할 필요가 없다고 말씀드렸다. 그래도 어머니는 현금 뽑아오라고 시키셨다.

    어머니 핸드폰은 언제나 기계식 버튼이 있었다. 스마트폰으로 은행 업무도 볼 수 있고, 쇼핑도 할 수 있고, 물건이 망가지면

AS 신청도 할 수 있으니 바꾸자고 말씀드렸다. 그래도 어머니는 구형 핸드폰을 고집하셨다. 그 탓에 아들인 내가 집에 가면 어머니는 불편한 일을 모아 뒀다가 나에게 시키셨다. 그중 하나가 핸드폰 단축 번호 지정이었다. 1번을 나로 지정해서 길게 누르면 전화가 연결될 수 있도록 만드는 일이었다. 2번은 아버지. 3번은 첫째 누나. 연락하시는 사람들을 단축 번호로 연결하는 게 내 몫이었다. 번거로운 걸 시킨다며 투덜투덜 단축 번호를 저장해 드리면, 번호를 꾹 눌러 가족들에게 전화가 잘 연결되는지 확인하셨다. 가끔 저장된 사람의 전화번호가 맞지 않는다고 나를 혼낼 때도 있으셨다. 전화번호는 바뀌었는데, 단축 번호가 수정되지 않아서 벌어지는 일이었다.

"엄마, 전화번호가 옛날 번호네. 가끔 번호가 바뀌었다고 하면 메모를 해두었다가 하나씩 바꿔야겠다. 이참에 휴대폰도 스마트폰으로 바꿀까요? 익숙한 것을 사용하는 것도 좋지만, 새로운 것도 사용해 보시는 건 어때요?"

내가 사회 물 먹고, 새로운 기기에 익숙해지자 어머니께 잔소리를 늘어놓기 시작했다. 편리한 것을 선물하고 싶은 내 마음과 달리 궁상떨지 말고, 망가진 것은 버리고, 편리한 생활을 누리면서 살아도 된다는 말이 튀어나왔다. 아시는 분들과 자주 연락하고 여유로운 일상을 사셨으면 하는 바람이 잔소리가 되어 어머니 마음을 긁었다.

 수술 날짜가 정해졌다. 어머니의 백내장 수술이었다. 수술 전 기본적인 검사를 받다가 1년 내내 소화가 안 된다던 어머니가 사실은 복막암 말기라는 것을 알게 되었다. 6개월 시한부 선고. 하루라도 어머니와 함께하고 싶은 마음에 암을 치료하기로 결심했다. 항암 치료 중간에 백내장 수술을 하셨다.
 항암 치료하는 어머니 곁을 지키면서 병원 오가는 길엔 늘 내가 어머니를 차로 모셨다. 어머니는 조수석에 앉아 차량 창문 밖으로 보이는 풍경이 아름답다고 자주 이야기하셨다. 한여름 나뭇잎이 참 푸르다고. 가을 단풍잎이 알록달록 예쁘다고. 겨울엔 하얗게 눈 덮인 모습이 좋다고 하셨고. 이듬해 봄엔 벚꽃을 보며 감탄하시기도 하셨다. 백내장으로 미처 보지 못한 풍경들을 보시며 경탄하셨다.
 나이 먹으면 새로운 것을 도전하고 배우기가 두려워 밥솥 바꾸기 싫어하시는 줄 알았다. 현금이 편하고 카드 사용을 두려워하는 줄 알았다. 새로움에 대한 적응이 두려움으로 나타나 스마트폰 사용을 꺼리는 것으로 착각했다. 어머니가 백내장 수술 받은 후의 변화를 보고 알게 되었다. 익숙함이나 두려움의 문제가 아니라 보이지 않으셨다. 전기밥솥 취사 버튼, 현금 인출기의 번호와 안내 글, 스마트폰 글자. 모두가 뿌옇게 보이기만 했다. 어머니 생활에 필요한 모든 것이 구별되지 않을 정도로 흐릿하게 보였다는 사실을. 어머니께 여쭈어봤다. 구분되지 않는 불편함을 어떻게 견뎠는지.

"내가 안 보이는 게 아니었어. 살아가는 데 큰 불편함이 없으니, 그냥 사는 거지."

앞이 제대로 보이지 않는 생활이 답답하고 불편하셨을 텐데. 어머니는 백내장 수술 비용과 자식들이 애쓸 시간이 부담스러우셨던 것 같았다. 막상 백내장 수술을 받고 나서는 세상이 이렇게 선명하고 많은 색을 가지고 있었는지 경탄하시면서 일상을 다르게 보내셨다.

시간이 지나고 보니, 나는 내 기준으로 어머니 행동을 답답하다고 판단했었다. 어머니 입장을 살피지 못했다. 수술 전 어머니 눈동자를 봤을 때 하얀색 막이 덮여 가는 것을 보았지만 바쁘다는 핑계로 연차 하루 내어 병원에 모시고 갈 생각 하지 못했다. 병원에 가 보시라고만 짜증을 냈었다. 어머니는 자식들에게 폐 끼치지 않으려고 아픈 눈도 숨기고 배려하셨다. 단지 표현하는 방법이 나와 다를 뿐이었다.

# 식목일에 만난 남자

안지언

4월 5일 만나기로 한 날이다. 모르는 전화번호가 떴다. 받을까 말까. 몇 번을 망설이는 동안 첫 번째 전화는 끊겼다. 아는 사람이라면 다시 걸겠지 싶었다. 벨 소리가 끊긴 후 한참 지나서야 전화 왔다. 상대는 소개받는 이유에 대해 큰 소리로 설명했다. 질문하지 않았는데 사전 질의응답 자료라도 준비한 듯 청산유수였다. 대화에 끼어들 틈이 없었다. 상대를 배려하지 않는 목소리. 여동생이 예전부터 소개해 주겠다고 했던 남자였다. 통화는 삼십 분이 넘게 이어졌다. 한 번도 만난 적 없는데 많은 말을 늘어놓았다. 그냥 들어 주는 게 편하겠다 싶었다. 내가 대꾸 없이 듣기만 해서였을까. 그제야 취미는 뭐냐. 직업이 뭐냐고 물었다. 여동생이 나에 대한 인적 사항을 자세히 전해

주진 않았나 보다. 소개팅이니 그런가보다 넘겼다. 소개가 끝나고 나니 다시 대화를 이어가야 하는 상황이 지루했다. 그도 궁금한 게 생겼는지 질문에 질문을 이어갔다. 그 뒤로도 내일 일정까지 이야기했다. 어렵게 성사된 만남이라 그럭저럭 장단을 맞춰주었다.

삼산동 카페에서 저녁 5시에 만나죠. 저녁도 먹고 차 한잔 마시며 얼굴 보는 게 좋겠어요. 시간과 장소를 알아서 정해준 덕분에 편했다. 작은 키에 왜소한 체구였다. 목소리만 들었을 때는 외모가 준수할 거라 믿었다. 마흔에 온갖 조건을 따질 수 없었다. 나 역시 외모와는 거리가 멀다고 생각해서 일찌감치 포기했던 부분이다. 사람 됨됨이만 괜찮으면 결혼까지 생각했다. 대화를 이끌기 위해 적극적으로 노력하는 모습이 보였다. 어색한 분위기가 싫어 나도 모르게 맞장구를 쳤다. 나쁘지 않다는 생각이 들었다. 이야기를 나눌수록 사투리가 친근하게 들렸다. 통화했을 때 받았던 첫인상과는 달랐다. 배려하는 마음이 느껴졌다. 나이 차이도 한 살. 결혼하면 들어갈 집도 마련되어 있었다. 부모님이 바라시던 결혼 조건에 맞았다. 바로 날 잡자며 성화였다.

'마흔 넘으면 액땜은 다 했다. 먼저 결혼하자고 해라. 결혼 이야기는 남자가 먼저 꺼내야지. 내가 먼저 해서 퇴짜 맞으면 어쩌라고.' 자존심 상하는 게 싫었다. 괜찮은 사람 있을 때 무조건 잡아야지 싶었다. 만나고 온 날부터 하루가 멀다 진행 상황을 묻고 챙겼다. 이 정도까지 밀어붙인 적은 없었다. 이제는 생각을 바꿔야 하나. 먼저 결혼하자고 했다.

네 번 만나고 결혼 날짜를 잡았다. 내가 먼저 결혼하자고 해서였을까. 어리둥절해 보였다. 결혼 준비 과정 하나하나 머뭇거렸다. 마음이 반쯤 떠 있는 사람에게 억지로 시키는 것 같았다. 남자도 결혼을 꼭 해야 하는 건지 묻고 있는 것처럼 보였다. 상견례를 마치고 시내로 이동했다. 외곽도로라 한산했다. 그때만큼은 대화 나누는 시간이 지루하지 않았다. 동시에 두 가지 일을 잘하지 못하는 사람 같았다. 이야기하며 운전하는 게 익숙하지 않았나 보다. 교통사고가 났다. 황색 신호를 늦게 본 건지 급정거하면서 뒤따라오던 승용차가 그대로 들이받았다. 쾅! 차가 저만치 밀려가서야 멈췄다. 뒷머리가 부딪치면서 정신을 차릴 수 없었다. '아. 이게 죽는 거구나.' 싶었다. 아픈 순간에도 결혼하지 말까. 하늘이 준 기회일까. 왜 하필 상견례 직후일까. 여러 생각이 들었다. 나보다 먼저 정신을 차렸다. 구급차를 부르고 나를 부축했다. 근처 병원으로 이송해 여러 검사를 진행했다. 다행히 이상은 없었다. 입원한 일주일 동안 별의별 생각이 머릿속을 스쳐 갔다. 머리가 지끈거렸다. 서툰 운전 실력 때문에 손해를 입혔다며 미안해했다. 이틀 만에 퇴원하여 퇴근과 동시에 내가 입원한 병원으로 왔다. 종일 지루했던 병원 생활에 말동무가 되어 주었다. 사고가 뭐 대수겠어. 무시하자.

결혼 날짜를 잡고 나니 속내가 드러났다. 나에게 향하는 불평불만이 늘어났다. 인사이동으로 힘든데 자신을 챙기지 않았다는 이유였다. 결혼 준비하느라 바빠 눈에 들어오질 않았다. 말로만 챙기지 말고 직접 간식을 챙겨오라고 했다. 초등학생도 아닌데 자주 토라졌다. 병원에서 친근하게 말 걸어주던 모습과는 딴판이었다. 엄마한테 지금 상황을 털어놓았다. '뭐가 불만이야. 이만한 조건 없다. 나이 많은 노처녀 데려가 준다는데 감지덕지해야지.' 지금 와서 돌아설 수 없다. 아니 돌아서면 안 된다고 나를 다그쳤다. 마음은 딴 데로 갔다. 감정대로 살고 싶었다. 엄마와 결혼 문제로 나눈 대화만 해도 책 몇 권은 썼을 것이다. 이 사람은 뚱뚱해서 안 되고, 저 사람은 직장이 탄탄하지 않고 장남이라서 안 되고, 4년제 대학 졸업 못 해서 안 되고. 마흔이 되도록 조건만 생각하며 세월을 보냈다. 지금 조건들이 내 인생에 중요했는지 의문이 들었다. 사소한 감정싸움이 반복되면서 멈추고 싶었다. 부모님이 마음에 든다는 이유 하나만으로 더는 바랄 게 없었다. 그냥 눈 딱 감고 결혼해 버리자. 마음먹은 게 문제였다.

신혼여행지에서 라텍스 매트를 샀다. 남편은 자신의 허락 없이 구매했다며 언성을 높였다. 매트는 필요하다 설득해도 말이 통하지 않았다. 4박 5일 동안 우리는 가이드만 따라다녔다. 서로 눈길조차 마주치지 않았다. 태국 음식이 푸짐하게 차려져 있어도 한입 삼키는 게 힘들었다. 코로 들어가는지 입으로 들어가는지도 몰랐다. 당장 한국행 비행기를 타고 싶었다. '평생을 살아야 한다고?' 가슴을 쳤다. 돌이킬 수 있을까. 혼인신고는 하지 않은 상태였다. 지금이라도 큰 결심만 한다면 되돌릴 수 있는 일이라 생각했다. 가시방석에 앉은 듯했다. 불편한 마음 탓인지 두통약을 달고 지냈다. 울산 신혼집에 도착해도 냉랭한 분위기는 달라지지 않았다. '살자는 건지. 말자는 건지.' 정신을 차릴 수 없었다. 내가 답답해서 먼저 말을 걸었다. 나는 지금이라도 늦지 않았으니 언제든지 이 결혼 물릴 수 있다고 했다.

　여동생들이 형부를 위해 축하 자리를 준비했다. 남편은 억지로 참석해서 한마디 말도 하지 않았다. 음식에 손도 대지 않았다. 30분 채 앉아 있지 않고 장인 장모 앞에서 일어섰다. 먼저 일어나겠다는 인사만 하고 바로 나갔다. 우리 가족들은 눈빛으로 이런 경우가 있냐고. 라텍스 하나 샀다고 이게 무슨 대역죄냐고. 방바닥에 잘 수 없는데 이해 못 하냐고. 설명하고 또 설명했다. 종잡을 수 없는 사람이었다. 속상한 무언가를 꽁하게 싸맸다. 말없이 담아 두는 성향이었다. 김치 통에 켜켜이 눌러 담

듯 말이다. 나는 화가 나도 하루가 지나면 풀려고 노력하는 편이다. 남편은 속내를 드러내지 않으려 했다. 매일 남편 기분을 살피면서 살아야 하는 걸까? 한 달도 채 살지 않았는데. 그를 바꾸는 일보다 나를 바꾸는 게 쉬울지도 몰랐다.

이혼만은 안된다. 서로 맞추며 살면 된다고 부모는 말한다. 세상 별별 사람이 다 있는데 이쯤이야 참을 수 있을 거야. 나를 다독였다. 다독이는데도 유효기간이 있었다. 나이에 밀려 결혼하지 않았더라면 괜찮았을까. 가족 모두를 위한 결혼이라면 이쯤이야 참을 수 있었다. 남에 시선도 신경 쓰였다. 나만 참고 견디다 보면 어딘가에 답은 있겠지. 마음을 억눌렀다. 언젠가 상황이 나아질 거라는 믿고 싶었다. 억지로 붙잡을수록 관계는 더욱 멀어져 갔다.

참는 일보다 중요한 건 지금, 이 순간 내 마음을 있는 그대로 알아차리는 일이었다. 주변 시선도 가족도 아닌 오롯이 나에게 집중해야 할 필요가 있었다.

# 시작은 신혼, 현실은 생존

이연화

　25년 전, 시어머니 모시며 신혼생활을 시작했다. 신혼여행에서 돌아오자마자 내가 꿈꾸었던 달콤한 신혼 생활은 깨져버렸다. 연애할 때 남편은 자상한 사람이었다. 작은 일 하나에도 신경을 써주며 나를 배려했다. 버스를 타고 약속 장소로 나가겠다고 할 땐 더운 날 고생한다며 집 앞까지 차로 데리러 왔었다. 닭갈비 먹으러 식당에 갈 땐 흰색 블라우스에 빨간 양념이 튈까 봐 앞치마를 챙겨주었다. 차에 오를 때 먼지라도 묻을까 조수석 의자를 깨끗하게 닦은 후 자리에 앉을 때까지 차 문을 잡아주었다. 보육교사 일을 하면서 민원 전화를 받은 날에는 속상하겠다며 내 편을 들어 주었다.
　결혼 후 남편은 달라졌다. 친구들과 술을 마시고 당구를 치느라 매일 늦게 들어왔다. 일이 바빠서 늦는 줄만 알았다. 시어머니와 시댁 식구들은 그런 남편의 마음도 붙잡지 못한다며 내 탓을 했다. 마치 남편과 결혼한 것이 아니라 시댁과 결혼한 것 같았다. 결혼은 내 선택이니 좀 더 참으면 나아지겠지, 기대했다.

외출했다 집에 돌아오는데 검은 양복을 입은 두 사람이 집 주변을 서성이는 모습이 보였다.

"이 집에 김○○ 씨 사시나요?"
"그런 사람 없어요."

그들은 알겠다며 차를 타고 조용히 떠났다. 김○○ 씨가 누구인지 남편에게 물어보니 시이모 딸이라고 했다. 그동안 받았던 등기 독촉장이 시이모 딸 것이었다. 남편과 시어머니는 신경 안 써도 된다고 말했다. 사채업자들의 방문은 잦아졌다. 전화도 끊이지 않았다. 매일 긴장 속에 지냈다. 언제 아파트 문을 두드릴지 몰라 두려웠다.

집에 혼자 있을 때였다. 밤 9시경 거세게 문을 두드리는 소리가 들렸다.

"빨리 문 여세요! 김○○ 씨 여기 사는 것 다 압니다!"

가슴이 철렁했다. 우려하던 일이 왔구나. 112 버튼을 누르려는데 손가락이 떨려 미끄러졌다. 문은 부서질 것 같았다. 112에서 절대 문 열지 말고 기다리라고 했다. 술을 마시던 남편보다 지구대 경찰이 먼저 왔다. 경찰은 사채업자의 신원 조회를 했다. 불법 추심 정황이 보여 경찰은 사채업자를 지구대로 데려갔다. 경찰은 나에게 "괜찮다."라고 말했다. 경찰 출동 이후에는 괜찮은 줄 알았으나 사채업자들의 방문과 독촉은 계속되었다. 택배 초인종 소리와 친구 전화벨 소리에서 온몸이 떨렸다. 남편은 일하러 가고 옆에 없었다. 사채업자가 올까 봐 겁난다고 해도 '문 열지 마'라는 말뿐이었다. 벗어나고 싶었다. 시댁 식구와 함께 살고 있는 신혼, 남편의 무관심, 사채업자들의 협박…. 이 모든 것으로부터.

이혼을 결심했을 즈음, 문득 생리 예정일이 한참 지나 있음을 깨달았다. 임신 테스트기에 두 줄이 선명하게 드러났다. 남편에게 임신 소식 알리면 다시 나를 살뜰하게 챙기지 않을까 기대했다. 남편은 기쁨을 표현할 줄 몰랐다. 아기를 원하지 않는 것 같다는 생각이 들 정도로 "알겠다."라는 말뿐이었다. 분가도 이혼도 선택하기 어려웠다. 나를 사랑하던 사람이 왜 이렇게 낯설게만 느껴질까. 하루하루가 낯선 사람과 살아가는 기분이었다. 테스트기 두 줄을 보며 웃고 싶었다. 웃음보다 먼저 눈물이 났다. 기쁘면서도 외롭고, 반가우면서도 무서웠다. 아빠의 부재를 겪게 하고 싶지 않았다. 나를 위한 선택보다 아이를 위한 선택을 해야 했다. 모든 상황이 답답한 현실에서 결정만이 나의 몫이었다.

'분가하자!'

보증금을 모으기 시작했다. 청약 통장도 개설했다. 생활비를 아꼈다. 불안한 상황에서 거리를 두기 위해 집 밖으로 자주 나갔다. 시어머니와 함께 사는 집이라 시이모 딸의 빚쟁이들이 독촉 전화를 하고, 쉴 새 없이 초인종을 눌러댔다. 시어머니와 남편은 평소와 다름없이 살아갔다. 그들을 보며 여기에서 내가 계속 함께 살아갈 수 있을지 의문이 들었다. 나름대로 아이를 위해 살아보려 애썼지만, 불안과 초조함은 나를 놓아주지 않았다. 약해지면 안 된다고 수없이 되뇌었다. 나는 이제 엄마니까. 내가 불안해하면 아기도 느낄 테니까. 남편을 향한 서운함, 시댁 식구들의 이해할 수 없는 태도들, 외면하고 싶었지만 현실은 쉽게 바뀌지 않았다.

'엄마는 지금 무서워. 그런데 너를 위해서라도 무너지지 않을 거야. 내가 이렇게까지 버티는 이유, 웃으려고 애쓰는 이유는

오직 너 하나 때문이야.'

부드러운 손길로 배를 쓰다듬으며 속삭였다.

지금 이대로 살아갈 수는 없다. 나는 결심했다. 누구한테도 기대지 말고 내가 바뀌자고.

변화를 위해 내가 노력해서 바꿀 수 있는 부분부터 점검하기 시작했다. 마음 다잡고, 생활 습관을 바꾸었다. 돈도 차근차근 모아갔다. 남편 대하는 태도도 다시 생각했다. 애쓰지 않으면 현실을 이겨낼 수 없다는 걸 알게 되었다. 시어머니도, 시댁 식구들도, 남편도 나에게 손톱만큼이라도 미안한 마음이 있을까? 생각할수록 숨이 막혔다. 하지만 아이를 생각해 참아야 했다. 작은 희망 하나가 엄마로서 준비의 시작이었다.

사랑이라는 꿈을 품고 시작한 신혼이었다. 시간이 지나며 그 꿈은 현실이라는 벽에 부딪혔다. 그러면서 점점 나를 잃어갔다. 매일을 버티며 살아가는 생존의 시간이 길어졌다. 아이를 만나면서 웃음 대신 책임이 앞섰다. 이제는 달라져야 했다. 더 이상 누군가의 아내, 엄마로만 존재하지 않는다. 내가 진짜 원하는 삶을 선택하고, 주도적으로 살아가기로 했다. 잘될 거라 믿으면서 조용히 웃었다.

나는 엄마니까.

엄마는 강하다.
엄마는 버티는 사람이 아니라, 이겨내는 사람이다.

## 기억 속에 서랍

정일인

스마트폰을 들었다가 내려놓았다. 손가락이 머뭇거렸다. 제일 친했던 정인이가 떠올랐다. 딸이 고3이라고 했는데. 힘들 때마다 나에게 도움을 청하던 혜수 언니도 생각났다. 지난달 수술을 받았다고 했는데. 아무에게도 전화를 걸지 못했다. 망설임은 내 삶을 가장 정확하게 보여줬다. 아이패드를 살 때도 혼자 알아보고 구매했고, 사용법도 블로그 리뷰를 읽으며 익혔다. 강원도 여행을 갈 때는 몇 시간씩 숙소와 맛집을 찾아봤다. 쇼핑할 때도 같이 가자고 말하는 것보다 혼자 가는 편이 좋았다. 유방암 진단을 받았을 때도 울기보다는 치료 계획을 먼저 세웠다. 정보를 찾아보고 마음 관리 방법을 찾았다. 치료하는 동안 손을 놓았던 공방을 넘겼고, 사무실도 정리했다. 모르는 것들은 유튜브 영상을 반복해서 봤다. 메모장에 하나씩 단계를 적고 순서대로 해나가니, 대부분의 일이 정리됐다. 혼자서 모든 걸 하다 보니 체력도 소모되고 시간도 오래 걸렸지만, 마음 편한 쪽을 선택했다. 내 안에는 묘한 고립감이 자리 잡고 있었다. 가끔은 '귀찮아, 아무것도 안 하고 싶다'라는 생각이 든다. 그럴 때는 요술램프 지니가 나타나 모든 일을 처리해주는 즐거운 상상에 기댄다. 사람들 사이에 섞여 있으면서 누구와도 말을 섞지 않고 일을 끝내는 편이 더 수월하다 느꼈다.

엄마는 서울에서 태어났다. 우리 가족은 1983년, 아빠의 고향인 부산으로 이사를 했다. 할아버지 할머니와 함께 살기로 한 결정이었다. 나와 동생은 익숙했던 서울 생활을 뒤로하고 낯선 부산 땅을 밟게 되었다. 지금 생각해 보니 엄마에게 큰 용기가 필요했을 터다. 부산 서구 생활은 서울과 전혀 달랐다. 천마산과 구덕산으로 둘러싸인 좁은 분지에 옹기종기 모여 있는 집들. 그 사이를 가로지르는 가파른 비탈길과 계단들이 많았다. 평평한 서울 거리에 익숙했던 나에게는 낯선 풍경이었다. 할아버지 집 근처에는 크고 깊은 우물도 있었다. 집은 마루 기준으로 부엌과 1층에는 방이 세 칸, 2층에는 한 칸, 마당도 있었다.

엄마는 셋째 딸로 고생 안 하고 살았다. 낯선 부산 땅에 와서 시집살이를 시작했다. 할아버지 할머니는 동네에서 성격이 깐깐하기로 소문났었다. 할머니는 생선을 팔아 사 형제 키우고 공부시켰다. 사 형제 중 아빠가 큰아들이었다. 서울에서 대기업에 다녔던 아빠는 부산에 와서 사업을 시작했다. 아침 8시에 나가서 밤 10시에 들어왔다. 더 힘든 것은 집안에서의 생활이었다. 할아버지와 할머니, 삼촌까지 함께 사는 대가족이라 엄마는 매일 아침부터 밤까지 쉴 새 없이 움직였다. 엄마는 단 한 번 불평도 없이 하루에 여덟 번의 밥상을 손수 차렸다. 설거지와 빨래, 청소까지 모든 집안일이 엄마의 몫이었다.

할머니는 "아야, 뭐 하노? 나물 다 다듬어 놓거레이." "된장국은 안 끓이나." 하시고는 뒤돌아서서 "뭐 하나 할 줄 아는 게 없노." 하며 구시렁거렸다. 난생처음 겪는 시집살이에서 엄마는 한 번도 말대꾸를 하지 않았다. 시부모님의 눈치를 보며 감당했다.

어린 내 눈에는 가엾고 불쌍했다. 엄마를 돕기 시작했다. 작은 손으로 설거지를 도와주고 빨래를 세탁기에 돌렸다. 아궁이에 연탄을 갈았다. 연탄을 어깨에 짊어지고 나르기도 했다. 심부름도 하고 동생도 돌봤다. 어른이 된 거 같았다.

모든 낯선 경험보다 더 견디기 힘들었던 것은 내 마음속 이질감이었다. 초등학교에 가면 늘 '서울서 온 애'였다. 친구들은 내

표준어 억양을 흉내 내며 "서울내기, 서울내기." 하고 놀렸다. 빠른 사투리를 따라가지 못했다. 외계인들 대화 같았다. 학교는 나에게 외계인 집합소였다. 하교하고 집에 오면 엄마가 속상해하는 모습이 싫어서 상처받았던 마음을 숨길 수밖에 없었다. 어느 날은 "엄마, 나 사투리 배웠어! 억수로 대빠이 배웠어!" 큰일을 해냈다는 자부심으로 엄마에게 달려가 얘기했다. 엄마는 "그랬구나." 하면서 힘없는 웃음을 지었다. "엄마 힘들어?" 물으면 엄마는 "괜찮다."라고 말했지만 혼자 있을 때 깊은 한숨을 쉬었다. 엄마가 힘든 걸 알면서도 도울 수 있는 일이 제한적이라는 게 어린 나에게는 큰 좌절이었다. 가족을 위해 희생하는 엄마의 모습을 보니 부담감이 생겼고 불안감도 따라왔다.

어릴 적 아빠 덕분에 올드팝과 클래식 음악, 미술 서적을 많이 접했다. 미술학원에 다니고 싶었지만 말하지 못했다. 아빠가 사업을 하고 있어도 식구들이 많아 집에 돈이 없는 것 같았다. 엄마를 통해 참는 법을 배웠다. 모든 상황이 좋을 수는 없고, 때로는 견뎌야 할 때가 있다는 것을. 그 과정에서 불안과 상처, 억눌림이 생겼다. 나는 어느덧 엄마의 모습을 닮아갔다. 어려운 일이 있어도 불평하기보다는 묵묵히 해결하려고 노력했고, 대부분 상황에서 나의 감정을 드러내지 않고 괜찮은 척하면서 살았다.

엄마의 말투는 자상했다. 자식들에게도 함부로 하지 않았다. 의견을 존중했고 대화를 하기 전에 항상 편지를 써서 줬다. 엄마의 행동이 싫었다. 엄마가 하고 싶은 말, 하고 싶은 일 다 하면서 살기를 바랐다. 큰이모는 대장부 성격이다. 큰이모 성격을 아주 좋아했다. 엄마와는 반대되는 성격이었다. 큰이모는 80년대에 가정부를 들였다. 하고 싶은 일들은 다 했다. 사촌 언니가 "우리 엄마는 못 말려, 살림도 우리가 다 해야 해."할 정도였다. 옷부터 보석까지 화려했다. 손도 크고 음식도 잘했다. 모든 대화는 명령조였다. 할 말 다 하며 사는 이모를 볼 때면 내 마음도 편안해졌다. 엄마를 걱정하는 이상한 버릇이 생겼다. 비가 오면 비 많이 맞을까 봐, 외출하면 사고 나지 않을까, 염려됐다. 왜소한 체구에 몸무게도 45kg이다. 여성스러우며, 강한 면은 하나도 없다. 사라질 것 같아 무서웠다.

서른 중반쯤 됐을 때 어느 날 문득, 엄마에게 물었다. 엄마, 서울로 돌아가고 싶지 않았어? 이혼하고 싶었던 적 없었어? 엄마는 말했다. 매일 그런 생각을 했다. 너희들 보고 참았지. 생각하면 잘 참은 거 같아. 그 말은 가슴을 아프게 했다. 엄마는 평생을 참아낸 사람이었다. 그런 엄마 밑에서 자란 나는, 엄마처럼 참는 사람이 되었다. 이제는 참지 않기로 했다. 아프면 아프다고 말하고, 힘들면 힘들다고 말한다. 누군가에게 도와달라고 말하는 연습도 하고 있다. 참는 것이 항상 미덕이 아니라는 걸, 감정을 나누는 것이 오히려 나를 가볍게 만든다는 걸 이제는 안다.

 엄마를 닮았지만, 엄마처럼 살지 않으려는 나는 지금, 엄마를 가장 깊이 이해하고 있다. 엄마가 겪었던 일들, 삼켜왔던 말들, 참아왔던 시간. 모든 걸 이제야 알아간다. 참는 법은 나를 단단하게 만들었고, 많은 위기를 넘기게 해줬다. 참는 것만으로는 내 삶이 채워지지 않았다. 이제는 말하려고 한다. 표현하려고 한다. 강하게 살아온 엄마처럼, 나도 내 삶을 내 방식대로 살아가려 한다. 도움을 요청하는 것도 용기라는 걸 알았고, 혼자서 다 하지 않아도 된다는 걸 인정하게 되었다. 더 이상, 모든 걸 참으며 살지 않는다. 스마트폰을 다시 든다. 이번에는 망설이지 않고 번호를 누른다.

## 아직 너를, 너를 그리워해

황은미

출근 후 집에서 싸 온 꿀떡을 한 입 먹었다. 턱이 아팠다. 아픈 증상은 사흘 전부터 있었다. 씹을 때 통증이 심해져 치과 병원으로 갔다. 학교 안에 치과 병원이 있어서 다행이었다. 대학 치과 병원은 여러 과가 있어 증상에 따른 진료과로 연결한다. 구강내과 진료는 예약제로만 가능하다는 말에 일단 검사를 받았다. 다행히 취소된 시간이 나와 바로 오후 진료를 예약했다. 의사 선생님은 턱관절 질환이 의심된다고 했다. 이를 무는 습관이 있는지, 최근 스트레스를 받은 적이 있는지 질문했다.

누 달 전, 반려묘 프린세스가 무시개나리를 건넜다. 아침에 일어나보니 움직임이 없었다. 머리를 쓰다듬었다. 평소와 다른 느낌이다. 나이가 많아 걸음이 둔해지긴 했었다. 이별의 시간이 오고 있다고 예감했지만 오늘일 줄 몰랐다. 시아버지 장로퇴임식이 있는 날이다. 시골 교회에 가기로 했다. 장례를 어쩌지. 남편이 시골 앞마당 수목장을 제안했다. 프린세스를 데리고 시골집에 갔다. 정신이 멍했다. 퇴임식을 마치고 복숭아나무 아래에 눕혔다. 눈물에 앞이 보이지 않았다.

함께 한지 열일곱 해. 남편보다 아이들보다 먼저 가족이 된 친구로 늘 함께였다. 쓰다듬어달라고 내게 와서 애옹 소리를 내고, 기분 좋다고 그릉그릉 소리를 내던. 늘 곁에 있던 존재가 갑자기 사라졌다. 아직 집안 곳곳에 아직도 프린세스의 흔적이 있다. 지금도 어딘가에서 엎드려 쉬고 있을 것 같다.

프린세스를 떠나보낸 날. 많이 울었다. 한참을 울고 있는데 옆에서 울고 있는 지한이가 보였다. 눈물이 멈췄다. 지한이 마음이 보였다. 태어날 때부터 함께였던 프린세스가 죽었다고 한다. 엄마는 프린세스를 보며 운다. 엄마가 그렇게 오랫동안 우는 모습은 처음 보았으니 무섭고 불안했을 것이다. 이 악물고 눈물을 참았다. 얼굴을 보니 차마 울 수 없다. 눈물을 멈추고 감정을 숨겼다. 그런 순간이 반복될수록 나도 모르게 턱에 힘을 주고 있었나 보다. 눈물이 나오려 할 때마다 꾹 눌렀다.

토요일마다 박사 수업을 들으러 학교에 간다. 매주 혼자만의 공간인 차 안에서 노래를 들으면서 그날의 감정들을 내뱉었다. 김나영 가수의 '봄 내음보다 너를' 이 노래는 눈물 버튼이 되었다. '아직 너를, 너를 그리워해' 가사가 딱 내 이야기였다. 열일곱 해를 함께한 반려동물의 죽음은 참는다고, 괜찮은 척한다고 해서 사라지는 게 아니었다. 참아도 새어 나오는 감정은 어쩔 수 없었다. 그래서였을까. 내 턱은 나보다 먼저 아픔을 드러냈다.

이별을 받아들이기 어려웠다. 떠났다는 사실을 인정하면서도 아직 다 먹지 못한 사료, 쓰지 못한 화장실용 모래를 버릴 수 없었다. 곁에 없는 현실이 낯설고 허전했다. 아이 앞에서 감정을 드러낼 수 없었다. 어느 때는 심장이 아픈 것 같았다. 그러다 오히려 무너지지 않아서 다행이라는 생각이 들기도 했다. 지한이는 이틀간 이유 없이 눈물이 난다며 울었지만 금방 밝은 모습을 되찾았다. 그런 아이를 보며 마음을 다잡았다. 감정을 다 표현하지 못하는 것이 때로 답답했다. 글로라도 감정을 기억하고 프린세스를 추억하고 싶었다.

감정 일기를 처음 적기 시작했다. 슬픔을 내보내는 게 내가 나를 위로하는 방법이라고 생각했다. 프린세스를 떠올리며 그날 이후 처음으로 프린세스의 이름을 입 밖으로 불렀다. "프린세스야, 오늘 기분은 어때?" 글의 시작이었다. 아팠는지 궁금했고 왜 내 옆에서 잠들지 않았는지 물었다. 전날 씻겨줬었는데 시원했는지 아니면 불편했는지. 마지막이란 것을 서로가 알고 있었다. 그때 감정을 돌이켜봤다. 그리고 지금 감정과 생각을 한 글자 한 글자 써 내려갔다. 마음속에서 눌려 있던 감정이 천천히 나왔다.

지금껏 슬픈 일이 생기면 가족에게도 티를 내지 않았다. 혼자 조용히 울었다. 아무도 없는 곳에서 혼자 울고 나면 후련했다. 그런데 슬픔은 감출 수 있지만 화나는 감정은 감추지 못했다. 화가 나면 목소리부터 커졌다. 화나는 감정을 쉽게 드러냈다. 욱하는 감정, 화로 인해 더 예민해져 하루 종일 기분이 나빴던 적도 있다. 이럴 때 감정 일기는 여러모로 긍정적인 영향을 주었다. 왜 그때 그런 행동을 했었는지 나를 더 돌아보게 되었다. 그리고 감정을 숨기는 의미를 이해했다. 어쩌면 어른이 되는 자연스러운 현상일 수 있다고 감정 일기로 위로했다.

엄마라는 역할은 좋은 엄마가 되어야 한다는 의무처럼 느껴졌었다. 직장 생활도 잘하고 엄마로서도 잘하기는 어려웠다. 아이 앞에서 감정 표현을 자제해야 한다는 압박감도 느꼈다. 내가 사라지는 기분이 들었다. 어떤 날은 웃는 게 힘든 날도 있었다. 힘듦은 얼굴에서도 드러난다. 거울 속 나를 살펴봐도 감정까지 보는 건 쉽지 않다. 감정 일기를 적으면 마음을 정확하게 들여다

볼 수 있다. 그 감정의 나와 마주하면 내가 어떻게 해야 하는지도 생각하게 되었다.

슬픔은 표현하고 밖으로 꺼내 보일 때 더 괜찮아질 수 있다. 감정을 잘 드러내지 않는다고 내가 아무렇지 않았던 건 아니다. 나의 20대, 30대를 함께하고 기억하는 존재가 없어져 상실감이 컸다. 아이들이 있기에 슬픔에만 빠져 있을 수 없었다. 감정의 외면이 결국 몸의 병으로 왔다. 낫기 위해 감정을 감추지 않고 감정 일기에 쏟아내니 가벼웠다. 감정 일기는 나의 이야기를 적고 그 안의 나를 들어볼 수 있는 장점이 있다. 지금 마음을 솔직히 적는 것은 처음에는 어렵다. 몇 번을 쓰고 멈추고 다시 쓰고를 반복했다. 이러한 행위마저 감정 일기를 쓰는 과정이다. 일기라는 보이는 결과보다 행동에 집중했다. 상처받거나 우울했던 마음이 해소되었다.

몇 자 적지 않아도 마음이 가라앉는다. 나를 보듬는 시간이다. 몇 줄의 기록이 쌓여 나를 이해하게 된다. 이렇게 쌓인 기록들은 내가 놓치고 살던 다짐들을 다시 불러내 준다. 지나온 시간을 돌아보게 하고 더 나은 시간을 살도록 이끌어 줄 것이다. 글은 나를 조금씩 성장시킨다.

## 기분 좋은 변화

강혜진

치열하게 승진을 준비하던 남편이 집 가까운 학교로 발령을 받았다. 먼 곳까지 출퇴근하는 나 대신 아이들과 저녁 시간을 보내고 함께 공부도 하는 다정한 아빠 역할을 톡톡히 해내고 있었다.

2021년 3월 2일, 아이들이 명곡초등학교로 전학 가던 첫날이었다. 둘째 주하는 아침밥도 제대로 먹지 못한 채, 울음이 터지기 직전의 표정으로 집을 나섰다. 남편은 딸 걱정에 스쿨버스를 뒤쫓아갔다가 버스에서 울먹이며 내리는 딸을 교문 앞에서 한참 바라보다가 출근했다고 했다. 남편이 보내준 사진에는 동생 가방을 대신 든 주원이가 찍혀 있었다. 주원이도 전학 첫날이었지만, 두 살 더 먹은 오빠답게 듬직한 모습으로 동생을 챙기고 있었다.

살던 곳에서 차로 한 시간이나 떨어진 곳으로 이사를 한 것이 2020년 이른 봄이었다. 아이들은 전학을 원하지 않았다. 하북초등학교에 계속 다니겠다고 고집을 부렸다. 길어진 등하교 시간을 감당하기 위해 아이들은 한 시간 더 일찍 일어나야 했다. 주로 차 안에서 부족한 잠을 채웠다. 그러다 내가 다른 방향으로 발령을 받으면서 더 이상 이전 학교까지 데려다줄 수 없게 되자 자연스레 아이들도 명곡초로 전학하게 되었다.

새 학교로 향하는 아들과 딸은 긴장한 표정이었다. 남편도 아이들 적응을 걱정스러워했다. 새로운 학교로 가며 긴장하던 아들딸과, 아이들의 적응을 걱정하던 남편과는 달리 나는 날아갈 듯 기뻤다. 이 얼마만의 홀가분한 출근이란 말인가! 꼬박 10년. 출산과 동시에 가는 곳마다 혹같이 붙어 다니던 아이들을 떼 놓고 혼자서 출근하다니!

아이들 없이 출근하던 첫날, 차에 오르자마자 제일 처음으로 한 일은 반복해서 듣던 영어 동요를 플레이리스트에서 지우는 것이었다. 대신 성시경의 〈미소 천사〉를 크게 틀었다. 목청 터져라 노래를 따라 불렀다. 음 이탈이 나도 웃음이 나왔다. 아이들 듣는 귀가 무서워 교양 있는 척 조심스럽게 전화하던 내가 이제는 친구와 속 편히 이야기하고 남편 흉도 마음껏 봤다. 이유 없이 조퇴해서 바람 쐬러 가기도 했다. 열심히 일하다 온 것처럼 퇴근 시간에 맞춰 집에 돌아왔다. 그 작은 일탈이 달콤했다.
 이제 아이들도 스스로 밥 한 끼 정도는 차려 먹을 만큼 자랐고, 남편도 알아서 빨래를 개고 청소를 도왔다. 덕분에 퇴근 후 내 시간이 생겼다. 나를 위해 시간을 쓰기로 결심했다. 남편에게 한마디 말도 하지 않고, 집 근처 문화센터에서 필라테스 수강권을 끊었다. 결심을 행동으로 옮긴 셈이었다.

 나는 인복 있는 사람이었다. 주변에 좋은 사람이 많았다. 시간 날 때마다 도서관에 들러 책을 읽는다는 옥이 언니도 그중 한 사람이었다. 2010년, 내가 담임으로 가르치던 순종이와 순열이의 엄마였다. 교사와 학부모로 만나 15년, 어느덧 언니 동생 하는 사이가 되었다. 옥이 언니는 시간이 날 때마다 도서관에 들러 책을 읽는 사람이었다. 늘 나에게 책을 가까이하라고 권했다.
 그랬던 옥이 언니는 2021년 3월, 벚꽃이 가득 그려진 시집 한 권을 내게 선물했다.

 "선생님, 두고 보세요. 저 3년 안에 개인 저서를 출간할 겁니다."

 문화센터에서 시를 배우고 날마다 시를 쓴다는 옥이 언니는 그 말을 꺼낸 지 3년이 되기도 전에 책을 출간했다. 시집에는

'저자 김성옥' 세 글자가 선명하게 인쇄돼 있었다.

집 앞 도서관에 있는 경제 서적을 다 읽어 이제 신간 말고는 더 읽을 책이 없다던 그녀는 나에게 늘 책을 가까이하고 자기 계발서를 읽으라고 알려주었다. 옥이 언니의 결단력과 도전, 추진력이 부러울 때가 많았다. 그런데 이제 그냥 동네 '언니'가 아니라 '작가님'이 되었다니 더 부러웠다. 멋있었다. 의식 수준이 낮은 사람과는 잠시도 함께 시간을 보내기가 어렵다는 그녀가 나와 만나 이야기를 나누고 나에게 책을 선물해 준다는 것이 감사할 따름이었다. 나는 그녀의 까다로운 기준을 통과한 몇 안 되는 사람이었다.

좋은 사람 옆에 있다 보니 습관도 닮아가는 것을 느꼈다. 새벽마다 유명 강사와 저자들의 강연을 유튜브로 찾아 듣기 시작했다. 이어폰을 꽂고 오디오북 들으며 집안일했다. 매일 반복되는 말들이 어느 순간 가슴을 울렸다. 다시 결심했다. 이제는 노래 부르며 시간을 낭비하지 말자. 미운 사람 흉을 보며 에너지를 쏟지 말자. 불평만 늘어놓는 못난 인생은 끝내자. 남편이 도와주지 않아도, 아무도 알아주지 않아도 내 시간을 나 자신을 위해 쓰기로.

이십 년 전, 첫 월급을 받았던 때부터 서점 베스트셀러 중에 표지가 마음에 드는 책이 있으면 덜컥 사다가 책장에 꽂아두곤 했다. 제목이 그럴듯한 책이나 유명한 저자의 신간을 발견하면 사다 쌓아두곤 했다. 아이를 낳고 휴직했을 땐, 갑자기 생긴 여유가 어색해 차 한 잔 타 놓고 몇 장 읽어보기도 했었다. 그러나 제대로 다 읽은 책은 한 권도 없었다. 버리지도 못하고 꽂아만 두었던 책을 몇 년 만에 꺼냈다. 책 위의 먼지를 툭툭 털었다. 책 표지를 펼쳤다. 한 줄씩 읽어 내려가기 시작했다.

변화하려고 그랬을까. 마음에 와닿는 구절에 밑줄을 긋고 메모하기 시작했다. 가끔은 왜 이렇게 늦게 책을 꺼내 읽었을까, 안타까워하며 가슴에 드는 구절을 되뇌고 또 되뇌었다. 그리고 문득 자기 계발서를 사다 모으기만 하는 나를 보며 남편이 했던 말이 떠올랐다.

"나는 자기 계발서 읽는 사람들이 제일 한심해. 실천도 하지 않을 거면서 책만 읽어서 뭐 해?"

조금이라도 변화해 보려고 책을 모으는 나의 의지를 꺾었던 남편의 그 말이 그때는 그렇게 쓰리고 아팠는데 뒤늦게 알게 되었다. 그때의 남편은 자기 계발서를 읽는 나를 비난했던 것이 아니라 자기 계발서를 읽고도 실천하지 않는 나를 채근했었다는 사실을 말이다.

'학생이 준비되면 스승이 나타난다'는 말이 있다. 진심으로 알고 싶고 배우고 싶을 때, 평소 스쳐 지나가던 말과 글이 스승처럼 다가오는 경험을 누구나 한 번쯤 했을 것이다. 나도 그랬다. 어느 순간부터는 바뀌는 계절 풍경이 다르게 느껴졌고, 아이들 종알대는 소리도 새롭게 들렸다.

그때부터였다. 남편이 운동하느라 바빠도, 집안일이 엉망이어도 누군가 도움을 기다리지 않고 내가 할 수 있는 일부터 시작했다. 아이들이 점점 자라고 시간적 여유도 생기면서, 늘 똑같아 보이던 공간과 시간 속에서 나도 모르게 조금씩 변하고 있었다.

남편도 변했다. 어느 날부터인가 내 시간을 존중해 주기 시작했다. 나의 사회생활을 인정해 주었고, 내 운동 시간과 취미 시간도 간섭하지 않았다. 나를 위해 아이들을 돌봐주는 배려와 변화가 기분 좋았다.

책을 읽으며 깨달았다. 삶은 결국 내가 책임진다는 것을. 아무도 대신해 주지 않는다. 아무리 힘들어도, 아무도 알아주지 않아도, 내가 좋아하는 것을 찾고 꾸준히 성장할 수 있는 나만의 방법을 찾아야 한다. 매일 읽고 실천하며 나를 성장시켜 나가려던 그 작지만 꾸준한 변화가 쌓여 나는 조금씩 달라지기 시작했다. 그 변화가 두고두고 기분 좋았다.

# 나는 나의 슈퍼우먼

## 김미애

모든 것이 귀찮았다. 아이들을 돌보는 일, 끝이 없는 집안일, 반복되는 일상이 나를 짓눌렀다. 아무것도 하지 않고 그냥 잠만 자고 싶었다. 남편은 장난처럼 "뚱땡이", "돼지"라고 불렀지만, 그 말들은 내 마음을 깊이 할퀴었다. '살을 빼고, 날씬해져서 복수하겠다.' 다짐도 했다. 하지만 현실은 생각보다 훨씬 어려웠다. 결심은 늘 마음속을 맴돌 뿐, 변화는 멀기만 했다. 남편에게 상처받은 날이면, 이상하게도 허기가 졌다. 무언가를 끊임없이 입에 넣으며 감정을 눌렀고, 결국 임신했을 때보다 체중이 더 늘어났다. 몸이 무거워질수록 움직이기도 싫었고, 아무것도 하고 싶지 않았다. "그런 것도 못 해? 또 실수한 거야? 도대체 할 줄 아는 게 뭐야?" 남편의 날 선 말들은 나를 점점 작아지게 만들었다. 나는 무엇 하나 제대로 해내지 못하는 부족한 사람이 되었고, 나라는 존재는 그렇게 서서히 사라져갔다.

초등학교 교사인 나는 3년의 육아휴직이 끝나고, 다시 학교로 돌아갔다. 낯선 학교에 학년 연구, 모두가 꺼리는 방과후학교 업무까지 나에게 맡겨졌다. 출근 전 업무를 챙기는 중이었다. 방과 후 강좌비를 정산하는 엑셀 파일에 문제가 생겼다. 오늘 중으로 처리해야 하는 일인데 자꾸 오류가 나서 마음이 조급해졌다. 새벽 5시, 자고 있는 남편을 깨워 엑셀 수식 좀 봐달라고 했다. "이런 것도 못 하나? 못하면 좀 배워라. 자는 사람 왜 깨워?"라며 불같이 화를 내고는 다시 잠들었다. 새벽부터 욕만 먹었다. 나는 가장 가까운 사람에게 기대고 싶었을 뿐이었다. 다른 사람에게 도움을 청하는 건 자존심이 상했고, 남편이라면 기꺼이 도와줄 거라 믿었다. 기대와 다른 남편의 매몰찬 거절에 모니터 앞에서 소리 내어 울었다.

'가족이라면 당연히 나를 도와주겠지.' 당연함이 서운함이 되어 돌아왔다.

치사하고 더러워서 다시는 남편에게 부탁하지 말자 다짐했다. 괜히 부탁했다가 저 인간에게 거절당하고 상처받지 않도록 내 일은 나 스스로 해결해보자. 어떻게 하면 내가 달라질 수 있을지 고민했다.

먼저 컴퓨터 학원을 등록했다. 워드, 엑셀에 능숙하지 못해 항상 남편에게 무시당하여 자존심이 상했다. 배우기로 마음을 먹었다. 퇴근 후, 틈나는 시간마다 컴퓨터 학원에 꾸준히 갔다. 나는 기계치였고, 컴퓨터 앞에서는 늘 두려웠지만, 끝까지 포기하지 않았다. 실기 시험에서 실수가 있었지만 결국 자격증을 손에 쥐었다. 자격증을 딴 뒤 남편의 도움 없이 업무를 처리할 수 있게 되니 부탁할 일이 생기지 않았다.

잠이 덜 깬 두 아이를 어린이집에 맡기고 40분 거리의 학교까지 숨 가쁘게 운전했다. 매일 늦지 않기 위해서 대로를 질주했다. 주차하고 헐레벌떡 뛰어야만 교실에 시간 맞춰 도착할 수 있었다. 수업이 끝난 뒤 쉬지 않고 업무를 처리했다. 그리고 퇴근과 동시에 밀린 집안일과 육아가 나를 기다렸다. 아이를 재우다 보면 늘 내가 먼저 지쳐 잠이 들었다. 집안일과 학교 일을 끝내지 못하니 항상 불안했다. 시간이 필요했다. 새벽 4시에 일어나기로 했다. 모두가 잠든 시간, 나만의 시간이 시작되었다. 졸린 눈을 비비고 일어나 밀린 업무를 처리하고, 집안일을 했다. 고요한 새벽, '조금만 더 자고 싶다. 나도 늦잠 푹 자고 싶다.' 새벽에 힘겹게 일어나 홀로 일하는 내 처지가 서글프게 느껴질 때도 있었다. 하지만 고요한 새벽은 집중이 잘되어 힘들던 일도 훨씬 빠르게 해결되었다. 학년 연구, 담임교사, 방과 후 업무 등 내 능력으론 잘할 수 없을 것 같았던 일들이 하나둘 해결되었다. 신기했다. 자신 없었는데 '별거 아니네.' 하며 자신감이 생기면서 힘들었던 일들이 재미있어졌다. "저, 잘 못 해요.", "어려운 일은 자신 없어요."라며 뒤로 물러나기 바빴다. 나이도 많고, 실력도 부족한 내가 동기들보다 한참 뒤처졌다고 느꼈다. 하지만 이제는 생각이 달라졌다. '학교 일이 다 거기서 거기네. 막상 하려니까 다 할 수 있네.' 그렇게, 스스로에 대한 믿음이 생기기 시작했다. 나는 진화하고 있었다. 다시는 찌질했던 과거의 나로 돌아가고 싶지 않았다.

그때부터 나는 결심했다. 더 이상 남편에게 기대지 않기로. 도움을 청하는 것도, 거절을 당하는 것도 모두 내가 감당해야 할 일이었다. 상처받지 않고 내가 할 수 있는 일들을 스스로 해내는 법을 배우기로 했다. 그게 바로 내게 필요한 변화였고, 나를 다시 찾는 방법이었다. 물론 완벽하진 않았다. 실수도 했고, 실수할 때마다 더 조급해지기도 했다. 그럴 때마다 실망했지만, 다시 다짐했다. "다시 해보자. 이번엔 더 잘할 수 있어." 한 걸음씩 나아가는 과정에서 점차 변화가 일어났다. 작은 성취들이 쌓이면서 나를 믿는 마음이 커졌다. 무엇보다도 내가 노력한 결과로 얻은 실력이 나를 더욱더 강하게 만들었다. 남편의 말과 행동은 나를 상처입히기도 했지만, 결국 나를 단단하게 만든 건 그 시간들이었다. 내가 나를 돌보는 힘은 바로 그 과정에서 자라났다.

이제는 누군가에게 도움받지 않아도 괜찮다. 자신이 없거나 부족한 부분이 있더라도, 내가 해결할 방법을 찾을 수 있다는 확신이 생겼다. 나는 혼자서도 잘할 수 있는 사람이 되었고, 나를 향한 믿음이 커지면서 점점 더 당당해졌다. 가족에게 기대지 않고 스스로 해결해가며, 그 과정에서 얻은 능력과 자신감은 내가 그동안 놓쳤던 '나 자신'을 다시 찾게 해주었다. 나는 더 이상 '누구에게 의존해야 한다.'라고 생각하지 않는다. 내가 나를 돌보고, 나를 책임지는 게 당연한 일이라는 걸 깨달았다. 그렇게 나 자신을 다시 찾으며, 점점 더 강해져 가고 있다.

친절했던 슈퍼맨은 더는 존재하지 않는다. 이제 내가 나의 삶을 책임져야 한다. 남편의 도움이 없어도, 나는 나 자신을 도울 수 있는 슈퍼우먼이 되어야 한다는 걸 깨달았다. 나부터 자신을 소중히 여기고 존중받을 수 있는 사람으로 바뀌어야 한다.

## 아픔을 딛고 일어서는 힘, '애도'

### 김선호

가족을 먼저 떠나보낸 주변 사람들이 말하길 원래 시간이 지날수록 그 상실감은 사라지고 점점 무뎌진다고 한다. 그런데 왜 나는 해를 거듭할수록 엄마가 그리워지고 가슴 아파지는 걸까? 나는 엄마가 천국을 가시던 그해보다 작년이 힘들고, 작년보다 올해가 더 힘들다.

요즘은 '사무치게 그립다'라는 말이 어떤 감정인지 뼈가 저리게 느끼고 있다. 그럴 리 없다는 것을 알면서도 운전을 하다가 스쳐 지나가는 사람의 뒷모습을 보며 괜스레 멈춰 가만히 바라보게 된다. 지하상가를 지나가다가 엄마가 즐겨 입던 스타일의 옷이 쇼윈도에 걸려 있으면, 나도 모르게 한참을 들여다보게 된다. 백화점을 걷다가도 엄마에게 꼭 사주고 싶었던 투피스 정장이 보이면, 엄마에게 너무 잘 어울리겠다는 혼잣말을 하며 옷감을 만지작거리게 된다. 그러다가 스스로 깜짝 놀라며 겨우 정신을 차리고 뒤돌아 가던 발걸음을 재촉해 본다. 하지만 그 이후 가슴이 무너져 내리는 것 같은 공허함과 상실감이 몰려온다. 시도 때도 없이 흐르는 눈물로 퉁퉁 부은 내 얼굴을 볼 때면, 수시로 찾아오는 슬픔과 우울감이 깊숙이 파고들어 와 나를 병들게 하고 있음을 느낄 수 있었다.

어느 날, 퇴근하던 길에 엄마가 그리워 주체할 수 없이 울음이 터져 나왔다. 지하 주차장에서 겨우 마음을 진정시키고, 집으로 들어서자 딸이 달려와 나에게 안기며 이렇게 말했다.

"아빠!! 할머니 있잖아, '우리 강아지~'라고 해 주던 할머니 말이야!! 천국에서 우리를 보고 있는 할머니~."

울컥 쏟아지려는 눈물을 삼키며 이야기를 더 들어보니, 마침 그날 유치원에서 가족관계와 호칭에 대해서 배웠던 모양이다. 딸은 선생님과 친구들에게 '우리 할머니는 천국에 있어 만날 수 없지만, 지금 이 순간에도 나를 다 지켜보고 있어요!'라고 발표했다며 신이 나서 말했다. 엄마 장례식장에서 수없이 딸에게 해

주었던 말이다. 아니, 나 스스로 되뇌었던 말인데, 딸이 그 말을 기억하고 있었던 것이다. 온종일 엄마를 그리워한 나에게 할머니는 여전히 우리와 함께하고 있다는 것을 떠올리게 해 준 딸을 꼭 안아주면서 생각했다. 내 곁을 지키고 있는 아내와 딸을 위해서라도, 내 안의 가득한 슬픔을 밀어내고 그 안에 새로운 추억과 행복으로 가득 채워야겠다고 말이다.

내 안의 슬픔을 해결하기 위해 무엇을 해야 할까 고민을 하다가, 가장 먼저 스스로의 감정에 솔직해지기로 했다. 오랜 시간 스스로에게 묻고 또 물었다. '너 도대체 뭐가 힘든 거야? 엄마가 보고 싶고 그립겠지. 단지 다시는 엄마를 볼 수 없다는 것이 너 자신을 힘들게 하는 거니?' 내 안에 자리 잡은 깊은 슬픔이 어디에서 비롯되었는지를 생각해 보고자 하니, 계속 엄마의 부재로 이어지며 슬픔을 정당화하고 더욱 깊숙한 우울의 늪으로 내려가려는 것 같았다.

그러다가 문득 한 가지 생각이 머릿속을 스쳤다. '그래, 슬픔! 슬픔, 그 자체와 마주해 보자!' 나 스스로 엄마를 떠나보내고 충분히 슬퍼했는가를 돌아보니, 금방 답을 찾을 수 있었다. 엄마의 장례식장을 떠올려 보면 정작 유가족보다 조문객의 눈물이 더 많았다. 하릴없이 울고 있는 조문객들에게 우리 가족은 입을 모아 말했다. "이제는 엄마가 아프지 않고 천국에서 편안하게 쉴 수 있다는 것이 정말 감사해요." 이 말은 진심이다. 투병하던 10여 년 동안 지독하게 아팠고 그 무거운 짐을 홀로 짊어지려고 부단히 노력하고 애썼던 엄마임을 너무 잘 알고 있기에, 육체의 고통으로부터 벗어났다는 것이 얼마나 감사한지 모른다. 그런데 이 말을 계속해서 되뇌다 보니, 스스로 괜찮다 괜찮다 다독이며 애써 슬픔을 외면하고 충분히 슬퍼하지 못한 것은 아닐까 하는 생각이 들었다. 감사함이라는 단어를 앞세워 사랑하는 엄마를 떠나보낸 슬픔을 애써 외면했던 것이다.

나는 엄마를 다시 볼 수 없다는 슬픔을 모른 척하지 않고 받아들이기로 했다. 그 첫 번째 단계는 엄마를 추억하는 글을 쓰는 것이었다. 그동안 나의 세상이자 우주인 엄마를 추억하며 글을 쓰고자 몇 번을 노력했지만, 단 한 글자도 써 내려가지 못했다. 왜냐하면 내가 글을 쓰며 엄마를 추억하는 순간, 진짜 엄마가 내 곁에 없다는 것을 인정하는 것만 같았기 때문이다. 용기를 내어 내가 추억하는 엄마에 대해 무작정 써 내려가기 시작했다. 눈물이 앞을 가려 모니터가 잘 보이지 않고 입고 있던 후드티가 눈물로 다 젖어버렸지만, 그저 엄마를 생각하고 추억하며 한 글자 한 글자 천천히 써 내려가기 시작했다. 그렇게 얼마가 지났을까. 어느 순간 모니터가 뚜렷하게 보이는 동시에 내 가슴 깊은 한구석에 자리 잡고 있던 슬픔이 가벼워졌음을 느낄 수 있었다. 그렇게 나는 한 글자 한 글자에 엄마와의 추억을 꾹꾹 눌러 담으며 나의 슬픔과 마주했다.

두 번째로는 엄마를 '애도 哀悼' 하는 것이다. 나의 내면 깊은 곳에 슬픔이 자리하고 있음을 인정하고, 그 슬픔과 대화를 나누어 보기로 했다. '애도', 말 그대로 '슬플 애 哀'와 '슬퍼할 도 悼'가 만나 누군가의 죽음을 슬퍼한다는 뜻이므로, 엄마를 잃은 나의 상실감에 직면해 보기로 한 것이다. 선택의 기로에 서 있을 때 알맞은 조언을 해 주었던, 세상에 지쳐 힘들어할 때면 따듯하게 위로해 주던 엄마가 이제는 내 곁에 없다. 매일 퇴근하며 시시콜콜 그날의 에피소드를 이야기하면 다정하게 웃으며 위로해 주던 목소리도 다시는 들을 수 없다는 것을 인정하고 나니, 밀려드는 공허함과 허전함으로 인해 가슴이 텅 빈 것만 같았다. 그와 동시에 내 곁에는 누구보다도 나를 사랑해 주고 손을 잡아주는 아내와 딸, 그리고 가족이 있다는 것도 보이기 시작했다. 그렇다. 나는 혼자가 아니었다.

그제야 같은 슬픔에 빠져 힘들어하는 누나가 보이기 시작했다. 엄마와 딸은 가장 친한 친구라는 말처럼, 자신의 분신을 잃은 듯 몸부림치고 있는 누나 또한 걱정되기 시작했다. 그래서 엄마가 나의 손을 잡아주었던 것처럼, 나도 누나의 손을 잡아주어야겠다는 생각이 들었다. 사실 그동안 나도 이렇게 엄마가 보고 싶은데 누나는 얼마나 더 그리울까 싶어 말 한마디도 조심스러웠다. 하지만 이렇게 현실을 회피하다가 두 사람 모두에게 마음의 병이 깊어진 것 아닐까 싶었다. 그래서 문득문득 엄마가 생각나고 보고 싶을 때면 참는 것이 아니라, 누나에게 무작정 전화를 걸어 그 감정을 솔직하게 나누었다. 함께 했던 여행 이야기도 하고, 엄마가 했던 말이나 행동을 떠올리며 슬픔을 나누었다. 그리고 공유 드라이브를 만들어 엄마 사진을 공유하면서 함께 했던 시간을 떠올려 보았다. 그렇게 공유 드라이브에 엄마 사진이 쌓여갈수록 가족이라는 울타리 안에서 서로가 서로에게 기댈 수 있는 튼튼한 버팀목이 되어주고 있음을 느낄 수 있었다. 쌓여 있는 사진만큼이나 우리 가족이 함께했던 시간을 함께 추억할 수 있으니 말이다.

'애도'는 파도와 같다. 저 멀리에서 파도가 다가올 것을 미리 알고 두 다리로 버티고 서지만, 막상 밀려오는 파도에는 속수무책으로 몸이 흔들리며 휘청거리게 된다. 이와 마찬가지로 먼저 떠나간 사람과의 추억이 깃든 공간을 지나가거나 기일을 앞두고 굳게 마음을 먹지만, 역시나 몸과 마음이 그저 바람의 날리는 나뭇잎처럼 흔들리게 된다. 여전히 엄마를 떠올리면 가슴이 먹먹해지고 멍해지게 되지만, 이제는 마냥 슬픔에 젖어 있지는 않다. 왜냐하면, 사랑하는 가족들이 나의 손을 잡고 함께 걷고 있다는 것을 알고 있으니 말이다. 더는 나는 혼자가 아니기 때문이다. 아니, 나는 처음부터 혼자가 아니었다.

 진정한 '애도'는 무작정 슬픔을 참고 떠나간 사람을 잊으려고 하는 것이 아니다. 사랑하는 사람의 부재를 인정하고 충분히 슬퍼하고 추억하면서, 그와 함께했던 시간과 공간을 재구성하며 새롭게 펼쳐지는 삶에 적응해 가는 시간이 바로 진짜 '애도'이다.

# 나의 삶, 이제부터 나빌레라

## 백현기

몇 년 전까지 자기 계발에 미친 사람이었다. 끊임없이 새로운 것을 배워야만 살아 있는 것 같았다. 열심히 하기만 하면 성공하는 줄 알았다. 그러다 지금 직장에서의 몇 년째 승진 누락의 쓴맛을 맛본 순간부터 모든 걸 멈췄다. 다른 사람들은 어떻게 살고 있는지 궁금해 SNS를 자주 들여다봤다. 그럴 때마다 '아, 지금 나는 뭘 하고 있나' 싶었다. 그들의 화려한 삶과 나를 비교하니 한없이 초라해 보였다.

의지가 부족한 건지, 끈기가 없는 건지, 내 문제점을 파헤치는 고민이 꼬리에 꼬리를 물었다. 가만히 있다가는 아무것도 하지 못하고 시간만 낭비할 것 같았다. 자꾸만 흔들리는 내가 한심했다. 찌그러진 깡통처럼 살고 싶지 않았다. 절망과 후회보다는 다짐으로 내 삶을 단련해보기로 했다. 내 삶의 구겨진 곳을 펴고, 보기 좋게 색을 칠하기 위해 무엇이든 상관없었다.

마침 집 근처 헬스장이 새로 오픈했다. 문밖에서 구경하다가 사용료 50% 할인이라는 문구에 혹했다. 문을 열고 들어가 바로 1년짜리 회원권을 등록했다. 처음에는 유튜브 영상과 다른 회원이 운동하는 모습을 곁눈질로 보며 따라 했다. 지금 하는 동작이 맞는 것인지 알 수 없었다. 어디가 잘못됐는지 며칠을 어깨와 허리 통증에 시달리기도 했다. 결국, 러닝머신만 열심히 오르락내리락했다. 달리다가 지쳐 잠시 걷는 동안, 유튜브에서 생활체육지도자 자격증에 대한 정보를 처음 접하게 되었다. 과정이 쉽지 않았다. 필기시험은 물론, 직접 운동 동작을 시범으로 보여야 하는 실기 시험도 있었다. 문제는 모든 시험에 합격하더라도 연수에 참여해야 한다는 점이었다. 시험 공고에 안내된 시간만 해도 130시간이었다. 불가능한 일이라고 포기하려던 찰나, 함께 운동하던 강석 후배가 뜻밖의 제안을 했다.

"선배님. 이번에 생활체육지도자 공부 같이 해보시겠습니까?"
"어? 갑자기? 무슨 지도자?"
"아니, 선배님이랑 같이 운동한 시간이 몇 달 됐으니, 제대로 자세도 공부하고 자격증까지 취득하면 좋지 않을까 해서 생각해봤습니다. 어떻습니까?"

"자격증이라, 그래! 해보자!"

결심하자 온몸에 전율이 느껴졌다. 운동하고는 있었지만, 조금 더 전문적으로 배워보고 싶었다. 마침 헬스장에서 1:1 운동 프로그램이 진행된다는 안내에 참여 신청서를 냈다. 백00만 원이 넘는 금액이 부담됐지만 작은 변화에 만족할 수 없었다. 제대로 된 성장을 꿈꾸었으므로 과감한 결단을 내릴 수 있었다.

코치와의 수업이 시작됐다. 무게를 들기 전 호흡을 어떻게 하는지, 정확한 자세 잡는 법 등을 상세하게 배웠다. 숙련 여부는 나중 문제였다. 우선 꾸준하게 배우는 습관을 목표로 뒀다. 시험까지는 앞으로 40일이 남아 있었으므로 퇴근 후 하루도 빠뜨리지 않고 운동하고, 독서실에서 시험공부를 했다.

일, 운동, 공부를 반복하니 하나의 루틴이 되었다. 매일 1%씩 성장한다는 마음으로 꾸준히 노력했다. 작은 변화들이 모여 놀라운 결과를 만들어 냈다. 온전하게 나를 가꾸며 살아가는 기분이 들었다. 단순히 자격증에 합격하기 위한 공부가 아닌, 내 삶 전체를 단단하게 만드는 과정이었다. 운동과 공부 시간이 쌓일수록 자신감이 늘었다. 몸 곳곳의 근육 명칭을 머릿속에 외우는 만큼 시험합격의 기대는 높아졌고, 그만큼 체력도 늘었다.

그동안 나는 어렵고 힘든 상황에 부딪히면 포기를 먼저 떠올렸다. 하지만 이번만큼은 달라지고 싶었다. 물러서고 싶지 않았다. 더는 '프로 포기러'가 되고 싶지 않았다. 내가 얼마만큼의 끈기를 가졌는지 확인해 보고 싶었다.

그렇게 나는 두 마리, 아니 세 마리 이상의 토끼를 한 번에 잡았다. 원하던 시험에 합격했고, 자신감을 얻었으며, 앞으로 어떤 삶을 살아갈지에 대한 계획을 세우는 기회였다. 시험 결과가 고득점도 아니었고, SNS 속 모델처럼 멋진 몸을 만든 것도 아니었지만, 출퇴근만 반복하던 일상에서 내 손으로 직접 삶의 변화를 만들어 내었다는 점에서 의미가 컸다.

정해진 모든 운동 수업이 끝나고 코치가 말을 걸어왔다.

"요즘 보디 프로필(운동과 식단 관리를 통해 몸을 가꾼 후 기념으로 촬영하는 사진) 찍는 게 유행인데, 한번 도전해 보시겠어요?"

난 무엇인지도 제대로 모르면서 그 자리에서 바로 'OK'를 외쳤다. 나중에 찾아보니 단순히 사진을 찍는 것이 아니었다. 서둘러 거울에 비친 내 모습을 살펴보았다. 열심히 운동했다고 하지만, 울룩불룩한 근육이 있지는 않았다. 워낙 음식을 적게 먹는 편이어서 마르기까지 했다. '지금 내 몸으로 사진을 찍을 수는 있을까?' 그제야 정신이 번쩍 들었다.

근육을 만들기 위해서는 우선 먹는 양을 늘려야 했다. 아무 음식을 먹을 수는 없었다. 탄수화물과 단백질, 지방을 골고루 섭취해야 했고, 운동 강도 또한 이전보다 훨씬 높여서 진행했다. 분명 운동 시간은 한 시간이었을 텐데, 코치와 보내는 순간만큼은 10분이 한 시간처럼 느껴졌다.

거울 속 커지는 덩치에 희열을 느꼈지만, 동시에 '정말 괜찮은 걸까?'라는 불안감이 스멀스멀 피어올랐다. 건강을 해치는 건 아닐까 하는 걱정과 '너무 즐기는 건 아닐까?' 하는 죄책감에 시달렸다. 쏟아지는 음식과 늘어나는 체중에 점점 무감각해져 갔다. '이게 정말 운동하는 사람의 식단일까?' 하는 의문이 들 때도 있었지만, 눈앞의 현실에 애써 눈 감았다. 합리화와 자기기만의 경계를 넘나들며 간신히 균형을 유지했다.

다이어트 식단으로 바꾸자마자 배고픔 'hunger'는 'anger'가 되어 쓰나미처럼 밀려왔다. '죽겠다…' 라는 말이 툭하면 튀어나올 정도였다. 하루에도 수십 번씩 포기하고 싶은 충동을 느꼈다. 칼날 같은 식단과 고강도 운동에 정신이 점점 피폐해져 갔다. 신경은 날카롭게 곤두섰고, 작은 일에도 짜증이 솟구쳤다. '내가 왜 이렇게까지 해야 하는 걸까?' 하는 후회와 자신에 대한 혐오감에 휩싸인 날도 많았다.

촬영 준비의 막바지에 다다라서는 마지막 한 방울까지 짜내는 고통 속에서 오히려 희열을 느꼈다. '이제 정말 끝이 보인다!'라는 희망이 절망을 압도하기 시작했다. 내 안에 숨겨진 강인함을 발견하며 새로운 가능성을 엿보았다.

운동은 단순히 몸을 만드는 행위가 아니었다. 내 안에 숨겨진 가능성을 발견하고 한계를 넘어설 수 있다는 것을 깨닫게 해 준 여정이었다. 고통을 참아내고 목표를 달성했을 때의 성취감은 말로 표현할 수 없을 정도였다. 그리고 성취의 과정을 글로 쓰면서 나 자신을 더 깊이 이해할 수 있었다. 그렇게 나는 운동과 글쓰기를 통해 성장했다.

문득 나의 성장 과정을 다른 사람들과 공유하고 싶었다. 힘든 시간을 보내고 있는 사람들에게 위로와 격려를 전하고 싶었다. 내 이야기가 그들에게 조금이라도 힘이 된다면, 글을 쓰는 보람을 느낄 수 있을 것 같다.

나는 어쩌면, 나비가 되기 위해 고치 속에서 몸부림쳤던 시간을 글로 기록하고 있는 건지도 모른다. 절망과 희망, 도전과 성취, 이 모든 과거의 조각들이 모여 더 자유롭고 아름다운 나를 빚어낼 거라고 믿는다. 화려한 날갯짓은 아닐지라도, 내 의지대로 삶을 자유롭게 날아오르는 나비가 되기를 꿈꾼다. 운동, 독서 그리고 글쓰기. 나만의 루틴으로 과거의 의심을 지우고 내일의 다짐을 새긴다. 고치 속 성장기를 세상에 들려주는 나는 오늘도 새로운 날갯짓을 준비한다.

# 멀리서 봐야 예쁘다

## 신민진

싸우는 것도 지친다. 시계를 보니 새벽 3시 반.

"와, 안 되겠다. 우리 어디 가서 상담이라도 받아보자."

남편이 고개를 절레절레 흔들며 체념한 듯 말했다. 아기를 재울 때부터 이야기가 시작되었으니 일곱 시간이 지났다. 그런데 달라진 건 아무것도 없다. 대화가 풀리는 것 같다가도 민감한 과거 이야기가 나오면 다시 원점으로 돌아갔다. 남편과 나는 팽팽하게 맞서 각자의 입장만 고수하고 있었다. 평소에 나서서 행동하는 경우가 별로 없는 남편이 오죽 답답했으면 먼저 상담 이야기를 꺼냈을까. 답답하기는 서로 마찬가지였다.

한두 시간 눈을 붙이던 남편은 출근했다. 아기띠로 아기를 안은 채 한 손으로 스마트폰을 열었다. 네이버 검색창에 '근처 부부 상담'이라고 써넣으니 주변 상담센터와 병원 몇 곳이 나왔다. 이번 상담에서 도움을 받지 못하면 회복하기 어려울지도 모른다는 생각에 후기 몇 줄까지 집중해서 읽어보았다. 추천을 받아보고 홈페이지에 들어가 꼼꼼히 살펴보았지만, 그 어디도 마뜩잖았다. 부부 상담을 검색한 지 사흘쯤 지나서였다. '가족세우기'라는 글자가 눈에 들어왔다. 순간 잊혔던 기억에 불이 켜졌다. 10년 전 친구가 '가족세우기' 상담을 받는다며 서울에 다녀왔었다. 그 이야기를 들려주던 친구의 목소리와 표정까지 생생하게 떠올랐다.

"나를 모르는 사람이 나랑 아빠의 모습을 똑같이 표현하는 거야. 평생 우리 아빠 때문에 힘들었는데 이제 어떻게 해야 할지 알겠더라."

'가족세우기'에 대해 알아보기 시작했다. 가장 믿음이 가는 곳에 전화를 걸었다. 부부가 같이 와도 되고 따로 상담을 받아도 된다고 했다. 18개월 아기를 봐 줄 사람이 없어서 걱정했는데 안심이 되었다. 번갈아 가면 되겠다 싶어 신청부터 했다. 남편이 적극적으로 먼저 상담을 받겠다고 나섰다.

아침 일찍 출발했던 남편은 온종일 상담에 참여하고 늦은 밤 집으로 돌아왔다. 아기와 시계를 번갈아 보며 지낸 긴 하루였다. 궁금한 마음을 한번 삼키고 남편 얼굴을 살피니 표정이 밝았다. 그는 하고 싶은 말이 잔뜩 담긴 얼굴로 나를 보며 얼른 앉아보라고 했다.

"우리 가족을 다른 사람들로 대리인을 세우는데 당신이 아기를 안고 계속 문밖으로 나가려고 하더라. 나는 멀찍이 떨어져서 우리 어머니만 보고 있고…."

다 이해되지는 않았다. 하지만 오랜만에 남편의 맑은 눈을 다시 보았다. '가족세우기'에 다녀온 이후 남편은 시어머니 입장을 설명하려는 행동을 멈추었다. 우리 부부 사이에 있던 긴장감이 쉽게 사라지지는 않았지만, 대화를 이어 나가는 데 희망이 보이기 시작했다.

매월 마지막 주 토요일 새벽 6시, 늘 같은 버스를 탔다. 햇수로 3년이 되었다. '가족세우기' 전문가 과정 수업을 듣기 위해 한 달에 한 번 서울에 갔다. 1박 2일 교육이다. 책과 세면도구 등으로 가방이 묵직했다. 잠들어있는 아이들 얼굴을 보면 발이 떨어지지 않았지만, 문을 나서면 상쾌한 아침 공기에 속이 탁 트였다. 고속버스 안에 앉아 아이들 사진을 한 장 한 장 넘겨보기도 하고, 생각과 마음을 정리하여 글로 쓰다 보면 금세 서울에 도착했다. 고속버스터미널에 내리면 분주한 분위기에 휩쓸려 내 다리도 빠르게 움직였다. 잊혔던 의욕을 되살리는 펌프질 같았다. 1년 가까이 '가족세우기 촉진자 트레이닝'이라는 소매틱 훈련 과정에 참여했다. 연달아 '가족세우기 집단세션 전문가 과정'을 두 번째로 재수강하고 있었다. 그간 둘째 아이도 생겼고, 친정어머니께 육아 도움을 받기 위해 대전으로 이사를 했다. 어린 두 아이를 돌보느라 발을 동동거리며 지냈지만, 과감히 '가족세우기' 전문가 과정에 뛰어들어 공부를 이어갔다. 남편과 잘 지내고 싶었고, 평온한 마음으로 아이를 키우고 싶은 마음이 나를 움직이게 했다. 막상 나오면 온전히 혼자 보내는 시간이 좋았다. 같이 배우는 동기들과 살아가는 이야기를 나누는 것도 좋았다. 세상에 나와보니 손바닥만큼 좁아져 버린 내 자리가 보였다. 답답한 건 남편이 아니라 작아진 내 세상이었다.

'가족세우기'는 눈에 보이지 않는 무의식을 다루는 상담 영역이었다. 무의식은 섣불리 말로 단정 지을 수 없는 세계였지만, 적어도 겉으로 드러나는 것이 전부는 아니라는 걸 알게 되었다. 통찰하는 방법을 익히면서 겉모습 너머의 내면과 삶의 현상을 깊게 들여다보는 연습을 했다. 다양한 상담 사례를 접하고, 그

속에서 내가 경험하고 느낀 것들을 글로 옮겼다. 새로운 관점이 열렸다. 나 자신을 들여다보면서 논리와 이성만으로 설명할 수 없는 무언가가 있다는 사실도 알게 되었다. 강 건너편에 있는 듯 멀게만 느껴졌던 남편의 세상이 조금씩 보이기 시작했다. 배운 것들을 총동원해 그의 말과 행동을 겉에 드러난 대로만 받아들이지 않으려고 애썼다. 숨은그림찾기처럼 전체를 유심히 들여다보고 곰곰이 생각하곤 했다. 그러다 보면 왜 그런 모습을 보이는지 상황과 맥락이 이해될 때도 있었다. 눈에 보이지 않는 부분까지 헤아리려는 노력이 쌓이면서 점차 남편의 속내를 짐작하기 쉬워졌다. 살얼음판이던 우리의 공간이 서서히 녹고 있었다. 하루하루 밉지만 않아도 살아갈 만했다.

가까이 들여다보는 것보다 오히려 멀리서 바라보아야 더 잘 보이는 것들이 있다. 가족 문제가 그렇다. 하나의 문제에 많은 감정과 과거가 얽히고설켜 건드릴수록 더 커져만 갈 뿐이었다. 문제를 해결하려고 집중할수록 시야는 점점 좁아져 제대로 보기 어려워진다. 너무 가까이 다가가면 형태를 잃기도 한다. 그럴 땐 한발 물러서서 바라보아야 그 윤곽이 선명해진다. 가족의 문제는 단순한 평면 위에 있는 것이 아니라, 삼차원 혹은 그보다 더 복잡한 차원의 공간 속에 얽혀 있다. 실타래가 조금 엉켰다고 해서 끊어낼 필요는 없을 것 같다. 그저 실의 끝과 끝에서 서로를 바라보며 연결되어 있음을 느끼는 것, 그 자체로도 가족은 힘이 된다. 문제의 한가운데서 빠져나와 조금 먼발치에서 바라보면 가족은 더 예쁘고 사랑스러워 보인다. 가족을 이루고 한 걸음씩 맞추어가며 몰랐던 것들을 알아간다.

# 일상을 지키는 새벽 달리기

### 쓰꾸미

"아빠, 엄마 쓰러졌어요."

2024년 1월 4일. 2시 55분. 스마트 워치 알람이 울린다. 버튼을 눌러 알람을 끈다. 잠든 아내가 깰까 조심스럽게 일어난다. 이불을 개고 조용히 거실로 나간다. 물, 죽염, 유산균 먹고 하루를 시작한다. 화장실에서 자기 선언을 한다. 이어폰을 꽂고, 스트레칭한다. 굳은 몸을 풀며 거실에 있는 거울에 비친 내 얼굴을 보며 웃기 연습도 한다. 웃는 내 얼굴을 보면 괜히 기분이 좋아진다. 상쾌한 마음으로 달린다. 30분 5km. 하루를 달리면서 시작하며 감사한 일을 찾는다. 어제 아내, 아들, 딸과 같이 저녁으로 라면과 김밥을 먹었다. 하이큐에 나온 캐릭터가 좋은지,

포뇨 물고기가 더 좋은지 이야기하는 시간 감사했다. 우리 집은 야채 김밥만 먹는다며 투정 부리는 아들과 딸이 귀여웠다. 다음 주에는 돈가스 김밥을 사 온다는 약속했다. 가족과 함께하는 일상에 감사하다.

  오후 4시 13분. 전화기 너머 들리는 아들, 우찬이 목소리가 떨렸다. 무엇을 해야 할지 모르겠다고 했다. 놀란 마음에 영상 통화 버튼을 바로 눌렀다. 화면을 보면서 무슨 상황인지 파악하고 싶었다. 아들의 불안한 목소리가 전화기를 뚫고 나와, 나까지 떨리기 시작했다. 아침에도 보았던 집안 모습이었다. 흔들리는 화면에 보이는 장면이 다른 장소처럼 낯설었다. 힘든 순간에 아빠를 떠올려 전화한 것 잘했다고 아들을 먼저 진정시키고 주변에 누가 있는지 물었더니 이모가 같이 있다고 했다. 처제에게 전화했다. 처제에게 아내가 하혈하며 쓰러졌다는 설명을 들으며, 나는 급하게 사무실을 뛰어나갔다.
  아내는 자궁에 선근종이 있어 월경의 주기도 불규칙하고 생리의 양이 많아 고생하던 중이었다. 시술하였던 미레나가 빠졌다고 했다. 출근하기 전, 그날따라 유난히 아내의 안색이 좋지 않아 보였다. 아내가 깨지 않도록 조용히 준비하고 출근했던 터였다. 통화하며 병원으로 가는 길에 속이 시끄러웠다. 아침에 루틴을 진행한 내 모습이 머릿속을 스쳤다. 아내가 아픈지도 모르고 자기 관리에 빠져 있던 내가 한심해졌다. 내 삶에 가장 소중한 존재가 누구인지, 무엇을 위해서 이렇게나 발버둥 치며 살고 있는지, 나를 향한 질문을 쏟아내며 복잡한 마음으로 병원에 도착했다.

코로나 때문에 병실 들어가지 못했다. 병원에 도착해 긴급 수혈을 받은 아내는 겨우 전화 통화가 가능할 정도였다. 아내의 목소리를 들으니 그제야 안심이 되었다. 대기실에서 먼저 도착해 계시던 장모님을 만났다. 아내와 같이 구급차를 타고 왔다고 하셨다. 장모님을 모시고 병원 근처 식당으로 향했다. 장모님은 우찬(아들)이와 채민(딸)이를 처제가 데리고 갔다고 하셨다.

이틀 후에 퇴원하는 아내를 데리러 딸과 같이 병원에 갔다. 돌아오는 길에 아내와 설렁탕을 먹으며 감사했다. 장모님과 처제가 집 근처에 살고 있어서 다행이었다. 아들과 딸은 엄마 없이 처제네 집에서 잘 지냈다. 식사를 마친 후에도 30분 넘게 아내와 감사한 이야기를 나누었다. 그렇게 일상을 회복했다.

2013년 해외 현장에서 근무하다가 휴가를 받아 한국에 들어왔다. 그때 아버지가 비인두암이라는 소식 들었다. 내가 모르던 사이, 아버지는 이미 항암 치료를 받고 계셨다. 방사선과 항암 약물 치료, 두 가지 방법으로 암을 치료하는 중이었다. 방사선 치료로 입안이 벗겨지고, 약물 치료로 구역질 증상이 나타나 식사도 제대로 하지 못하셨다. 세 끼를 전부 먹으며, 치료를 위한 체력이 필요했다. 잘 먹지 못하니 버티기 쉽지 않았다. 치료 중에 장어를 드시고 싶다고 하셨다. 무엇을 먹고 싶다는 말을 들으니 반가웠다. 승미 누나가 집 근처를 걸으면서 보았던 장어집을 찾아갔다. 가게는 아직 장사를 시작하기 전이었다. 음식점 사장에게 사정해서 장어 몇 마리를 포장해 집으로 가져갔다. 아버지는 새벽부터 어렵게 구한 장어 한점을 입에 넣고 씹지도 삼키지도 못하고 다시 입 밖으로 내뱉으셨다. 그리고 갑자기 울음을 터트리셨다. 그날 이후 아버지는 집안에서 그릇이 '달그닥' 소리만 들려도 화를 내셨다. 미각을 잃어 모든 음식이 돌을 씹는 느낌이라고 하시며 음식을 더 멀리하게 되었다. 어쩌다가 겨우 한 숟가락 입에 넣은 음식은 계속 입속에서 우물거리기만 하셨다. 밥 반 그릇 드시는 데 늘 1시간이 넘게 걸렸다. 먹는 것이 즐거움이 아니라 고통이었다고 나에게 이야기하셨다.

 2019년 교사 생활을 하는 윤정이 누나가 암이라는 소식을 전해왔다. 매년 받던 건강 검진에서 유방암 판정을 받았다고 했다. 수술을 받고 나서, 윤정이 누나가 마음 편하게 있고 싶다며 부천에 있는 승미 누나 집으로 갔다.

 승미 누나는 부천 아이즈빌에서 스포츠 의류를 판매했다. 누나가 옷 파는 일이 그다지 어려워 보이지 않았다. 사람들이 와서 옷을 고르고, 계산하고, 쇼핑백에 넣어주고, 단순하게 돈을 버는 줄 알았다. 그런데 계절마다 옷을 바꾸어 전시하고 상품을 잘 팔리게 배치하는 것 모두 점주가 스스로 해야 하는 일이었다. 이전 시즌 재고를 파악하고 반품도 해야 했다. 모델, 색상, 그리고 사이즈까지. 재고 하나하나 확인하며 반품 준비하고, 신상품 주문한 것이 수량에 맞게 도착했는지 확인하며 정리하는 일이 보통 힘든 일이 아니었다. 잠시 손님을 기다리는 시간이 유일한 쉬는 시간이었고, 언제 들이닥칠지 모르는 손님을 기다리며, 쉬는 것도 쉬는 것이 아니었다. 매장 운영시간이 종료되면 퇴근할 수 있는 것도 아니었다. 재고와 반품 정리 그리고 금일 판매량을 정리하고 다음 장사를 위해 주문을 넣는 일까지 해야 겨우 하루 일과 끝났다. 지루한 일상이 반복됐다. 계절이 바뀌면 누나는 가게에서 나오지 못했다. 누나 집에서 가게까지 걸어 다닐 수 있는 거리였다. 생계가 바쁜데도 승미 누나는 아픈 윤정이 누나와 매끼를 같이 먹었다. 적절한 운동과 규칙적인 식사, 그리고 승미 누나의 정서적인 보살핌 덕분에 윤정이 누나는 얼른 회복할 수 있었다.

  2025년 4월, 승미 누나가 소식을 알렸다. 조카 태희가 갑상샘암(유두암) 판정을 받았다. 10월에 수술할 예정이다. 얼마 전 아내도 갑상샘에 종양이 생겨 수술한 적이 있었다. 수술받기 전에는 항상 피곤해하며 침대 위에 누워 있거나 소파에 누워서 시간을 보내던 아내였다. 같이 무언가를 하기 위해서는 옷을 갈아입

히는 것부터 쉽지 않았다. 조카도 갑상샘 문제 때문에 몸이 힘들어서 일을 그만두었다고 생각했다. 이제는 혼자가 아니라 남편이 있으니. 힘든 일이 닥치면 부부가 같이 해결하며 서로 아껴주며 지냈으면 좋겠다고 생각했다. 태희는 지난 아내의 갑상샘 종양 수술이 끝나고 나서 목에 남은 흉터를 가릴 스카프를 선물했었다. 이번에는 우리가 태희에게 스카프를 선물할 차례다.

4월 15일은 어머니 기일이다. 어머니는 2019년도에 복막암을 이기지 못하고 2년여의 항암 기간을 보내고 돌아가셨다. 나는 1남 6녀의 막내이자 장남으로 자랐다. 식구들과 간병 사항을 나누어 어머니를 돌봤다. 돌아가시기 2주 전에는 일상생활조차 하기 힘들었다. 어머니가 아픈데, 내 자식과 아내를 돌보기 위해서 어머니를 최우선 순위에 두고 일상을 이어가기는 힘들었다. 주변을 배려하는 가족들 덕분에 손이 부족하지는 않았다. 하지만 2년 동안 간병하는 생활이 반복되니 지쳤다. 항암 초기에는 어머니는 체중이 급격하게 빠졌다. 그러다가 항암을 진행하면서 몸이 회복하는 듯 보였다. 그렇게 2년여를 버티시면서 기적이 일어날 줄 알았다. 6개월 시한부 판정을 받고 시작한 항암, 덤으로 1년 6개월을 보냈으니 만족해야 하는지. 아니면 괜히 항암을 시작해서 고통 속에서 삶을 마무리하는 어머니에게 미안해야 하는지 마음이 복잡했다. 지나고 나니 어머니를 2년 동안 더 곁에 둘 수 있었으니, 우리가 한 선택이 틀리지 않았다고 생각한다. 짜증 나고 지쳤던 순간마저도 지금은 그리운 시간이 되었다.

아버지, 어머니, 누나, 아내, 조카. 주변 사람들이 암으로 아팠다. 식구 중에 누군가 아프면, 일상이 버거워진다. 나 역시 암에 걸릴 확률이 높다는 것을 부정할 수가 없다. 올해 아들은 고등학교 1학년이고, 딸은 초등학교 5학년이다. 아직은 내가 수입을 책임져야 한다. 내가 건강해야, 가정이 화목하게 유지될 수 있다. 누군가는 새벽 3시에 일어나서 달리는 나를 보며 미친놈이라고 할지도 모른다. 내가 건강해야 주변 사람들도 챙길 수 있다. 새벽 3시에 가쁜 숨을 참고 뛰는 시간은 행복을 지키기 위한 내 의지를 확인하는 순간이다.

# 따라가는 사람보다 이끄는 사람

## 안지언

엄마! 우리 아이 돌볼 수 있겠어. 다시 육아휴직 할까? 이 년이나 쉬었잖아. 오래 쉬다 보면 나가기 싫어져. 마음먹었을 때 출근해. 봐줄게. 내가 아이를 봐도 힘들어. 어떻게 하려고 그래. 하다 보면 다 길은 나와. 너희 집으로 갈게. 시댁에 부탁하려 했는데 엄마보다 몸 상태가 더 안 좋으서. 며칠 해보다가 안 되겠으면 말해. 가슴에 큰 바위가 눌러앉은 듯 답답했다. 일흔 넘은 엄마에게 기대고 있었다. 딸 가진 죄라도 진 듯 육아라는 고된 짐을 떠맡았다. 육아휴직을 마치고 첫 출근길 발이 떨어지지 않았다. 현관 앞에 한참을 서 있었다.

결혼 전 각자 아파트를 갖고 있었다. 처음에는 내가 마련한 집에서 살기로 했다. 부모님 요청으로 남편 아파트에서 신혼살림을 시작하게 되었다. 도배며 싱크대 조명 손봐야 했다. 한두 가지 아니었다. 이대로는 못 들어가겠다고 했고, 남편은 굳이 돈 들여 고칠 필요가 없다고 했다. 그래도 신혼집인데 최소한 수리는 해야 하지 않을까? 의견이 맞춰지지 않았다. 보다 못한 엄마가 나섰다. '정서방, 우리가 인테리어 업체를 아는 데 있으니 고치자고' 남편은 마지못해 고개를 끄덕였다. 엄마는 자재를 고르고 조명 하나에도 신경을 썼다. 내가 살 집인데 엄마가 다 알아서 해주겠지. 그런 생각뿐이었다. 주말마다 발품을 파셨다. 조금이라도 저렴하고 나은 걸로 꾸미기 위해 인테리어 가게를 쫓아다녔다. 남편은 분주한 모습이 보이지 않았나 보다. 지출 금액을 보자 인상이 굳었다. 얼굴에 '나 화났소.' 써 붙인 듯했다. 수고했다는 말 한마디 기대한 게 욕심이었다.

퇴근 시간에 맞춰 남편에게 계속 전화를 걸었다. 그때마다 전화를 끊었다. 사무실 일로 퇴근이 늦어질 때마다 퇴근하면 바로 집으로 와달라는 요청을 번번이 무시했다. 그날도 남편은 늦게 들어왔다. 쏘아붙였다. 왜 전화를 안 받아? 무슨 일 있어? 둘 중 한 명이라도 일찍 와야 엄마가 쉴 수 있었다. 둘 다 늦는 날에는 조급해졌다. 이럴 거면 남편은 시간제 아이 돌봄을 이용하자 했다. 아이를 남의 손에 맡기는 게 편하지 않았다. 해결책을 찾는 방법이 달랐다. 큰소리로 부딪히는 날이 늘었다.

퇴근한 나를 본 엄마는 핼쑥한 얼굴로 힘겹게 웃었다. 피곤한 기색이 보였다. 남편 직장은 집에서 도보로 십 분 거리. 정시에 퇴근할 수 없다는 걸 알면서도. 집에서 가깝다는 이유만으로 남편을 닦달해 댔다. 단 5분이라도 엄마를 빨리 집으로 돌려보내고 싶었다. 그 생각만 종일 떠올랐다. 지금 생각해 보면 남편도 직장에서 얼마나 바빴을까. 앞뒤 정황을 따져보지도 않고 무조건 빨리 오라고만 했으니, 이런 이유에서 남편도 화가 쌓였을지도 모른다.

'서른두 평 아파트에 살고 싶다고 입에 달았잖아. 내일 구경 가자.'

엄마가 전화를 했다. 구경하고 온 아파트가 마음에 들었다. 사고 싶은데 돈이 부족했다. 이 통장 저 통장 잔액을 들여다봐도 방법이 없었다. 내가 가지고 있던 스물두 평 아파트를 팔았다. 서른두 평을 장만하기에는 엄두도 낼 수 없었다. 육아휴직으로 외벌이였다. 대출받고 싶었다. 이자를 감당하기 버거웠다. 시댁은 촌에서 농사 지으며 자식을 키운 터라. 손을 벌릴 수 있는 형편이 아니었다. 남편은 평소에 살고 있는 집이 자신에게 더 할 나위 없이 편안한 곳이라 여겼다. 큰 평수로 가자는 말을 꺼내지 못했다. 모든 의논은 싸움으로 이어졌고, 그 싸움이 버거워 혼자 결정하고 움직였다. 서른두 평 집을 간절히 원한 사람은 나 혼자였다. 친정엄마 도움을 받는 게 쉬웠다. 돈 좀 빌려줘. 그렇게 큰돈 없다. 이자 갚을 테니 빌려달라고 며칠을 졸랐다. 아버지는 자식과 돈거래는 꿈도 꾸지 말라 했다. 아버지 몰래 엄마가 돈을 마련해주었다. 엄마와 나만 아는 비밀 계약이 성사됐다. 남편은 아무것도 몰랐다. 내 아파트를 처분하고 친정엄마에게 빌린 돈으로 서른두 평 아파트를 샀다. 남편 마음까지 생각하고 싶지 않았다. 무슨 말을 해도 안 된다는 대답뿐이었을 테니. 혼자 결정했다.

이사 가기 일주일 전, '내 명의로 계약했어.'라고 통보했다. 그제야 알게 된 남편은 얼굴을 붉히며 큰소리쳤다. '당신 마음대로 했으니 난 이사 안 가!' 정말 안 따라올 줄 몰랐다. 남편은 일주일 동안 집에 들어오지 않았다. 빈집에서 지냈나 보다. 평수를 넓혀 가는 일이니 좋은 일이라 여겼다. 그때를 시작으로 의견충돌은 더 잦아졌다. 남편과 대화만 하면 가슴에 불덩이가 올라왔다. 하나부터 열까지 앉아서 보고 받길 원하는 사람과 하루하루 밀려드는 일들을 치워내며 버텼다. 아이 앞에서 감정을 참지 못하고 다퉜다. 화가 쉽게 터져 수습할 여유조차 갖지 못했다. 끝없는 집안일, 일주일이 멀다 하고 아픈 아이, 잠 못 드는 밤, 힘들다고 해도 남편은 알아들으려 하지 않았다. 서로 마음을 헤아리기 어려웠다. 남편도 바뀔 마음은 없어 보였다. 둘 다 이혼을 생각하고 있는지도 몰랐다.

2018년 봄이었다. 남구청에서 매월 시민을 위한 무료 강연이 있다는 소식을 접했다. 시간도 여유도 생각도 없다는 건 핑계였다. 강연을 찾아 듣게 될지는 꿈에도 몰랐다. 그날 주제는 부부 소통. 남편과 같이 듣고 싶었다. 부탁해도 오지 않을 사람이었다. 혼자 강의실에 들어갔다. 시골 쥐가 서울로 올라온 기분이었다. 치즈, 케이크, 초콜릿 가득한 도시 한복판에서 신기해하며 돌아다니는 시골 쥐처럼 새로운 내용이 가득했다. 결혼 전부터 알았더라면. 남편도 나도 아이도 서로 마음 잘 챙겼을 것이다. 그날 시작으로 육아, 가족, 관계에 관한 강의를 닥치는 대로 찾아 들었다. 먼 거리도 마다하지 않았다. 강의를 들으며 이론적 지식을 익혔다. 남을 바꾸려 하기보다 복잡하고 막막한 상황을 어떻게 빠져나올 수 있을지 고민하는 게 빠른 길이었다.

강의를 들으며 나만의 탈출구를 찾았다. 이제껏 반복되던 갈등을 벗어날 실마리였다. 첫 번째, 남을 바꾸려 하지 말자. 나부터 바뀌자. 나부터 바뀌면 남도 바뀌리라 믿었다. 그 믿음 하나 붙잡고 작은 변화를 시도했다. 둘째, 책을 읽자. 책에는 내가 살아보지 않은 세상 경험이 들어 있었다. 간접 경험이지만 한 문장, 한 단어가 삶의 방향을 알려주었다. 읽기만 하지 않고 책에서 읽은 내용을 한가지라도 실천하며 행동으로 옮겼다. 셋째, 소통방식에 문제가 있다는 걸 인정 하자. 결혼하고도 부모님 그늘 속에 살았다. 내 감정을 말하는 법도 다투지 않고 나를 표현하는 법도 익숙하지 않았다.

 운전하기 싫은 날이 있다. 특히 비가 오는 날. 차선이 보이지 않을 때 운전대만 꽉 잡는다. 앞차가 멈추면 멈추고, 달리면 따라 달린다. 달리는 속도대로 따를 수밖에 없다. 정신을 똑바로 차려야 한다. 앞차가 될 것인가. 뒤차로 따라갈 것인가. 앞 사람이 되어 다른 사람을 이끌 것인지. 따라가는 사람으로 살 것인지는 온전히 나의 몫이다. 따라가는 사람보다 이끌 사람이 되어 힘든 상황을 기꺼이 감수할 수 있는 자신감을 가지고 싶다.

## 나를 찾아서

### 이연화

   태어날 아이를 기다리면서도 남편의 무관심과 시집살이 속에서 나 자신을 잃어갔다. 몸도 마음도 온전히 내 것이 아닌 듯했다. 나를 돌볼 여유조차 없었다. 시어머니와 시댁 식구들의 눈치를 보며 살고 싶지 않았다. 마음속 깊은 곳에서도 달라져야 한다는 외침이 점점 커져만 갔다. 힘든 상황 속에서 찾아와 준 아이가 나를 지켜 준 것처럼 나 또한 아이를 지켜야 했다. 지금과는 다른 내가 되어야 했다. 내가 할 수 있는 일이 무엇일까 고민했다.
   스트레스부터 줄이기로 했다. 어떻게 하면 잠깐이라도 편안한 시간을 보낼 수 있을지를 생각했다. 근처에 있는 서점을 찾았다. 《부모와 자녀》, 《마당을 나온 암탉》, 《무지개 물고기》 등

다양한 책을 보니 복잡했던 머릿속이 맑아졌다. 짧은 시간이었지만 혼자만의 시간이 주는 소중함을 알게 되었다. 그 시간을 통해 마음의 여유를 되찾아갔다. 수시로 서점에 머물면서 나와 내 아이만의 아지트를 만들어갔다.

"늦게 줘서 미안해. 아빠 된다 생각하니 당황스러웠어."

첫아이의 임신 소식을 들은 며칠 후, 남편은 시어머니 모르게 방 창문으로 넌지시 장미 꽃다발을 건넸다. 남편은 표현하는 방법이 서툴렀다. 그럼에도 꽃다발을 준비하기까지 많은 생각을 했을 남편이 고마웠다. 시어머니는 내가 아이를 빨리 갖기를 원했고, 남편은 맞벌이를 원했다. 서로의 입장은 달랐지만 장미 꽃다발에 담긴 남편의 진심은 내 마음을 조금은 풀어주었다.

남편과 함께 산부인과에 정기 검진을 받으러 갔다. 초음파를 통해 본 아이는 건강하게 잘 자라고 있었다. 남편과 함께 칼국숫집에서 점심을 먹은 후 보라매역 근처에 있는 문구점에 들렀다. 아기자기한 문구들이 가득 진열되어 있었다. 귀여운 표지의 파란색 노트가 눈에 들어왔다.

"아들이려나! 왜 파란색이 눈에 들어올까!"
"아들이든 딸이든 건강하게만 나오면 되지."

"어머니는 아들을 낳아야 좋아하실걸."

남편과 나는 모나미 삼색 볼펜과 12색 사인펜, 파란색 노트를 사 들고 집으로 돌아왔다. 함께 들어오는 우리를 보며 시어머니는 언짢은 표정을 지으셨다.

"어머니, 어머니도 다음 진료 때 같이 가요. 손주 보게."

그 말을 들은 남편은 잘했다며 엄지손가락을 치켜세우고 웃었다. 나는 방으로 들어가 책상 위에 노트를 펼쳤다.

2002년 4월 16일 사랑스러운 아이를 처음 마주한 날 '사랑이의 태교 일기'를 쓰기 시작했다. 태명도 '사랑이'라고 정했다. 사랑이를 위해 산 첫 책은 《태교를 위한 시》였다. 사랑이에게 매일 시집을 읽어주면서 '엄마, 아빠가 사랑한다'는 걸 전했다. 책을 읽어주면서 내 안의 따스함도 가득 차올랐다. 그 따스함이 사랑이와 나를 이어 주는 실 같았다. 보라매공원을 산책하며 자연을 관찰했다. 자연을 벗 삼아 뛰놀던 어린 나처럼 사랑이도 공원에서 자연을 느끼며 건강하게 자라길 바랐다. 그 후로도 남편과 함께 임신에 관련된 도서와 자녀 양육서 등을 읽으면서 아기를 돌보는 방법을 익혀갔다. 친정 식구들과도 자주 통화하면서 사랑이를 기다리는 사람들이 많이 있다는 것도 알려 주었다.

임신 주기가 늘어날 때마다 입덧이 심해졌다. 냉장고 문만 열어도 구역질이 나왔다. 시댁에서는 아무것도 먹을 수가 없었다. 냉장고 냄새, 밥 냄새만 맡아도 화장실로 뛰어가는 나를 보며 남편은 등을 두드려 주었다. 남편을 통해 입덧이 심하다는 소식을 전해 들은 언니가 죽을 만들어 보내 주었다. 언니가 끓여 준 죽은 먹을 수 있었다. 마침 언니가 30분 거리에 살고 있어서, 남편은 출근할 때 나를 태워 언니 집에 데려다주고 퇴근하면서 태워 갔다. 그렇게 언니네에서 점심을 먹고 돌아오는 일을 6개월이나 반복했다. 시댁 식구들은 유별나다고 했지만 아이 덕분에 시어머니 눈치 보지 않고 편하게 언니가 만들어 준 죽을 먹으며 시간을 보낼 수 있어 좋았다.

태교 일기는 단순한 일기가 아니었다. 사랑이를 품고, 소중한 생명과 연결되어 있음을 느끼는 순간이었다. 태동이 일어날 때마다 작은 신호들 속에서 '나 잘 자라고 있어요', '나 여기 있어요. 엄마' 사랑이가 보내는 메시지를 읽었다. 사랑이가 나를 느끼고 있다는 사실 또한 나에게 큰 위로가 되었다. 육아서를 읽으며 엄마의 기분과 감정에 따라 아이에게도 영향을 준다는 것을 알게 되었다. 태교 일기를 쓰면서 내 감정도 조절해 갔다. 사랑이와의 소중한 순간을 기록하며 엄마로서의 자부심도 커져

갔다.

"오늘도 사랑이가 엄마 뱃속에서 활발하게 움직였어. 사랑이를 만나서 엄마는 너무 기뻐. 엄마에게 와줘서 고맙고 사랑해!"

하루하루 나에게 투자하는 시간을 늘려갔다. 좋은 엄마가 되기 위한 마음이 내 변화를 이끌었다. 나와 아이를 위해서 내가 무엇을 할 수 있을지를 생각하며 바꿔갔다. 무조건 참았던 전과는 다르게 내 생각을 솔직하게 말했다. 생각의 변화가 나를 변화시키는 첫걸음이었고, 내 가정을 지키는 일이었다. 내 변화는 남편의 변화로도 이어졌다. 내가 잠시 친정에 머무는 동안 사랑이의 태교 일기를 읽고 써 놓은 편지를 보게 되었다. 펼쳐보니 연애 시절 간간이 주고받았던 남편의 연애편지 속 글씨체였다.

To. 사랑하는 나의 신부
우리 연화가 무척 보고 싶은 밤이다. 요즘 많이 힘들지.
아빠로서 남편으로서 못 해주는 것 같아 미안해,
조금만 더 힘내자.
예쁘고 건강한 아기 낳아야 해.

남편의 편지를 읽으며 눈시울이 붉어졌다. 남편도 조금씩 달라지고 있었다. 시댁 식구들에게서 나와 아기의 방패막이가 되어주었고, 집안일도 돕기 시작했다. 물론 시어머니와 시댁 식구들에게 남편이 없을 때마다 훈계를 들어야 했다. 나는 남편과 결혼한 것이지, 시댁 식구들과 결혼한 것이 아니기에 마음에 담아두지 않았다.

언니와 형부의 도움으로 남편의 빚도 청산할 수 있었다. 그즈음 신청했던 임대 아파트에 당첨 소식도 날아왔다. 드디어 꿈에 그리던 분가를 할 수 있게 되었다. 사랑하는 가족과 나만의 공간에서 눈치 안 보고 살 수 있다는 것 자체로 행복했다.

태교 일기는 우리 가정을 지켜 준 소중한 선물이었다. 나를 다시 나로 살아가게 만든 힘이기도 했다. 나 자신을 찾아가는 여정은 지금도 계속되고 있다. 혼자가 아닌 사랑하는 가족들과 함께 천천히 걸어가고 있다. 변화는 외부가 아닌 내 안에서 시작되었다.

세상은 빠르게 흘러가지만 내 마음은 그 속도를 따라가기 힘들 때가 많다. 그럴 때일수록 자신을 잃지 않는 것이 중요했다. 변화는 갑작스럽게 일어나지 않는다. 작은 선택과 실천이 쌓여 가며 자신을 더 나은 방향으로 이끌어 준다. '변화할 수 있다.'는 믿음을 갖는 것만으로도 변화는 시작된다.

# 나를 찾아가는 길

## 정일인

친구들과 앉아 있으면 늘 어색했다. 연예인 얘기가 나오고, 남자 친구 자랑이 이어지고, 누군가 뒷담화로 마무리되는 시간이 공허하게 느껴졌다. 모두가 웃을 때 나도 따라 웃어야 한다고 생각했지만, 그 웃음은 진짜가 아니었다. 가벼운 농담이 터질 때마다 반응하지 못하고 멍하니 눈만 뜨고 있었다. 친구들은 "농담이야."라며 서로 눈을 마주치고 웃었다. 그 속에 그들과 거리를 두기 시작했다. 대학생이라면 궁금한 것 알고 싶은 것도 많을 테지만 모든 것이 시큰둥했다. 선후배 술자리에 나가도 흥미는 없었다. 동아리 모임도 형식적으로만 참석했다. 캠퍼스 화려한 문화에 관심이 없었다.

어느 주말, 신문을 펼쳤다. 산행 광고를 훑어보았다. 가지산 산행이 있었다. 등산화를 챙겨 신고 새벽 공기를 가르며 버스에 올랐다. 삼만 원에 왕복 차량비와 점심 도시락까지 포함되어 있었다. 사람들과 거리를 두는 대신, 나 자신과 가까워지는 방법을 찾아보기로 했다. 산에 오르기 시작하니 감각이 되살아났다. 답답했던 가슴이 활짝 열렸다. 자유로웠다. 산 중턱쯤 올랐을 때 심장이 쿵쾅거렸다. 얼굴은 열기로 달아올랐다, 다리는 후들거렸다. 숨은 턱까지 차올랐다. 그 와중에도 눈은 더 또렷해졌다. 머릿속은 우거진 나무들이 내뿜는 피톤치드로 맑아졌다. 도파민이 분비되기 시작했다. 땀이 한 줌씩 흘러내리면서 머리가 빙글빙글 기분 좋게 돌았다. 마치 소주를 마신 것처럼 말이다. 바위 위에 앉아 숨을 고르고 고개를 들면, 나무 사이로 불어오는 바람이 양 볼에 스쳤다. 고마운 바람이었다.

정상에 도착했을 때 성취감보다, 산을 오르는 과정에서 나 자신을 마주하게 된다. 주저앉을 뻔했지만 다시 기운을 내 할 수 있다고 외치며 산길을 계속 올랐다. 눈 앞에 펼쳐지는 아름다운 풍경이 보이고, 나무와 풀의 향기 함께 발걸음을 맞추는 사람들. 험한 산일수록 쾌감과 희열은 배가 되었다. 인생도 마찬가지 아닐까. 굴곡진 중간 지점에 서서 나를 점검하고 반성하고 다시 일어설 수 있는 북돋는 시간이 필요했다.

대학 친구들이 소개팅을 주선했다. 끌리지 않았다. 마음도 내키지 않았다. 친구들 고민은 남자 친구 이야기였다. 울고불고하다가도 함박웃음을 지으며 사랑을 말했다. 내 눈에는 드라마 한 장면을 보는 것 같았다. '감정은 어떻게 만들어지는 걸까? 나에게는 감정이 없는 건 아닐까?' 의문이 들었다.

여행은 이 순간에 생기를 더해주는 쉼표다. 양양으로 향하는 7번 국도를 좋아했다. 창밖을 바라보니 바다가 반짝이는 윤슬로 빛났다. 차창을 천천히 내리자 바닷바람이 머리카락을 흐트러뜨렸다. 바다 냄새가 코를 자극했다. 스피커에서는 이문세의 노래가 흘러나왔다. 부산 바다도 아름답지만, 동해는 다른 설렘을 안겨주었다. 4시간 30분을 달렸다. 표지판에 양양이라는 글자가 보였을 때 해는 붉게 물들어 있었다. 하늘은 순서를 정해 놓은 듯 색을 바꿔갔다. 맑은 노란빛이 구름 끝자락에 물들었고, 그 위로 주황과 붉은빛이 겹쳤다. 가장자리에는 푸른 하늘이 남아 있지만 그마저도 어둑하게 물들어갔다. 자동차 바퀴는 구불구불 산등성이를 돌아 나갔고, 운전하는 긴장감마저 짜릿했다. 대관령에서 바라본 설악산은 웅장했다. 가슴이 찡해지면서 코끝이 아려왔다. 사람들과 어울리지 못해 외로웠던 마음이, 이 순간만큼은 따뜻했다.

반쯤 눈을 뜨고 큰 창을 바라보았다. 설악산을 품고 있는 울창한 나무와 숲이 눈에 담겼다. 30분 정도 누워서 하염없이 멍하게 있었다. 이런 게 행복이지. 설악산을 찾는 이유였다. 과거와 미래에 해방되는 시간이었다. 그저 하고 싶은 대로 하면 되었다. 반바지에 티셔츠 하나 입고 눈곱도 안 떼고 산책하러 나갔다. 산 냄새가 진하게 코로 들어왔다. 슬리퍼를 손에 들고 흙을 밟으며 집중했다. 세월 속에 버텨온 소나무도 한아름 안아보았다. 오색약수터는 철 맛 나는 붉은색 약수터로 유명했다. 바가지에 한잔 떠서 기분 좋게 마셨다. 감자전과 황탯국으로 속을 채웠다. 장대한 설악산, 청정한 공기, 푸르른 나무, 파란 하늘. 나를 지키는 힘이 되어 주었다.

사춘기가 시작될 무렵, 방문을 걸어 잠그고 음악을 들었다. 서정적인 음악이었다. 산울림 노래를 좋아했다. 제임스 딘 포스터도 벽에 붙이고 나만의 세상을 만들었다.

어느 날 엄마가 학교로 왔다. 회비를 내야 하는데 내가 말을 안 해서 선생님 연락받고 온 것이었다. 용돈 달라는 말도 옷 사달란 말도 하지 않았다. 엄마가 사주는 옷을 입고 용돈을 받으면 그것으로 끝났다. 부모님은 무던한 아이라 여겼다.

엄마는 말이 없었다. 흔한 친구도 없다. 집에서만 있는 엄마는 무슨 생각을 하면서 살까? 궁금했다. 엄마도 고립된 삶을 즐기고 있는 걸까? 부담스러운 죄책감이 발동했다. 엄마 영화 보러 가요, 맛있는 밥도 먹고 쇼핑도 해요. 나를 통해 세상 구경하는 엄마였다. 미용실도 같이 가고 시장도 같이 보고 분식집에 앉아 엄마가 좋아하는 라면도 같이 먹었다. 엄마는 내게 "넌 속 깊은 딸이야."라고 말했다. 얼굴은 웃고 있었다. 마음은 편하지 않았다. "엄마 나 속 깊은 딸 하기 싫어, 힘들어."라고 마음속으로 말했다. 엄마가 잠시라도 환히 웃는 그 모습으로 좋았다. 비가 오는 날에는 하나의 우산을 나눠 썼고, 비에 젖은 옷을 벗어 던지고 함께 목욕하며 소리 내 웃기도 했다. 엄마는 그렇게 따뜻한 온기를 내게 내어주셨다.

나를 알아가는 루틴을 만들었다. 하루에 30분씩 마음을 기록하기로 했다. 떠오르는 감정 욕구 생각들을 쓰면서 해소했다. 메시지도 적으며 메모했다. 감사한 일상들을 적어나갔다. 당연한 것들이 하나도 없었다. 거울을 보면서 "사랑한다, 그럼에도 불구하고, 잘 될 사람이다." 크게 3번 외쳤다. 슈퍼맨 자세를 하고 활짝 웃었다.

어제의 내가 오늘의 나를 이끌어주고 있다. 이 세상에서 나를 가장 잘 아는 사람도 나였다. 원하는 것, 목표하는 것, 그동안 살아온 환경에서 자란 성격과 고집, 성향까지 누구보다도 나만이 잘 알고 있다. 고민할 때는 조언해주고, 결정을 내릴 때는 나를 이끌어준다. 기쁜 순간엔 가장 크게 함께 기뻐하고 다시 일어설 때는 용기를 준다. 나에게 큰 응원은 결국, 스스로 마음에서 나온다는 걸 이제는 안다. 맘속에서 일어나는 분별하는 마음과 편견들이 괴롭게 했다. 마음을 정성스럽게 만나본 적이 없었다. 진정으로 원하는 것이 무엇인지도 몰랐다. 이제는 경험 속에서 온전한 마음을 찾기로 했다.

힘들 때 누군가에게 의지하지 못하더라도, 자신에게 기대어 일어설 힘과, 있는 그대로 변화를 받아들이고 불안전을 감수하는 태도야말로 충만한 삶으로 이끄는 중요한 열쇠였다.

# 무서운 엄마, 무심한 엄마

황은미

자는 시간이 아깝다. 아이가 잠든 시간에 무언가를 바쁘게 했다. 8년 전 첫째 지한이를 출산하고 일주일이 지났을 때 노트북을 열었다. 대학원 졸업논문을 쓰고 있는 학기였기에 마음 편히 아기만 보고 있을 수는 없었다. 기한 내에 제출하고 싶었다. 출산으로 미룰 수 없었다. 갓난아이를 무릎 위에 올려놓고 재우면서 논문을 작성했다. 아이가 백일 될 무렵 졸업했다. 그렇게 매일 조금씩 자기 계발을 지속해 나갔다. 그 결과 원하고 바랐던 교수가 되었다. 지한이는 온순하다. 감정을 겉으로 쉽게 드러내지 않으며, 특히 안 좋은 기분, 부정적인 표현을 하지 않는다. 아이 말에 의하면 말을 못 하겠단다. 엄마가 화내는 것을 무서워한다. 엄마가 기분이 안 좋아 보이면 "엄마." 부르며 씨익 웃는다. 그리고 "사랑해요."라고 말한다. 기분을 살피고 눈치를 보는 것이다. 나도 지한이의 마음을 살피고 지한이가 힘들어할 때 위로가 되고 싶은데 쉽지 않다. 기분이 안 좋아 보여 무슨 일이 있는지 물어봐도 말이 없다. '왜 감정을 말 안 하지?' 생각이나 감정을 말로 표현 못 하는 사람이 되면 어쩌나 걱정이다. 나와 닮은 듯 다른 아이를 본다.

태이는 지한이와 6살 차이다. 태이를 보며 지한이 어릴 때 생각을 많이 한다. 막내라 마냥 귀엽기도 하다. 둘째는 발로 키운다는 말이 있다. 그만큼 키우는 데 신경을 덜 쓴다는 말이다. 태이도 그랬다. 출산휴가만 사용하고 100일도 채 안 되어서 복직하느라 일찍 어린이집에 보냈다. 나이 마흔에 둘째를 낳기도 했고 경력이 끊기는 게 싫어 일을 더 많이 하다 보니 아이에 온전히 집중하지 못했다. 그래서일까? 두 아이는 성격이 다르다. 태이는 고집이 세다. 그리고 감정표현을 잘한다. 싫은 건 절대 안 한다. 자기가 하고 싶은 건 꼭 하려고 한다. 요구사항이 있을 땐 울음으로 표현한다. 태이가 고집을 부릴 때마다 시어머니는 고집이 너무 세다며 누굴 닮아 저러냐고 한다. 그럴 때마다 "어머니, 지한이는 뱃속에 있을 때 일을 쉬면서 마음 편안하게 지냈는데, 태이는 뱃속에 있을 때 제가 스트레스를 너무 많이 받아서 그런가 봐요."라고 말했다.

일요일 저녁 시어머니 심부름으로 남편이 약국에 갔다. 30분이 지나도 오지 않아 염려하고 있을 때 남편에게 전화가 왔다. "여보, 나 다리가 부러진 것 같아." 집에 오는 길에 공원 옆 샛길로 지나가다가 2미터 난간에서 떨어졌다고 한다. 차를 타고 남편이 있는 곳으로 갔다. 남편은 앉아 있었고 일어나지 못하겠다고 했다. 119로 전화했다. 구급대원들은 5분도 안 되어 도착했고 남편을 싣고 근처 수술이 가능한 병원으로 데려주었다. 양쪽 다리 골절이었다. 수술은 다음 날 밤에 잡혀서 아이들을 시댁에 맡겼다. 퇴근 후 남편이 있는 병원에 갔다. 3개월 정도 입원해 있었다. 만삭에 혼자서 학교 일과 집안일에 육체적으로도 정신적으로도 고된 연속이었다. 남편이 조금씩 걸을 수 있게 되어 퇴원 후 얼마 지나지 않아 태이가 태어났다. 나는 한 달 후 복직했고 당분간 일을 할 수 없는 남편이 태이의 주 양육자가 되었다. 엄마보다 아빠를 찾는다. 덕분에 조금 편하게 일을 한다. 그래서일까. 상당 부분을 남편에게만 맡기고 아이를 제대로 돌보지 못한 결과 엄마로서 큰 질타를 받게 된 일이 발생했다.

3월은 개강 준비로 바쁜 달이다. 태이도 어린이집 새 학기가 시작되었다. 2주가 지났을 무렵이다. 원장 선생님에게 전화가 왔다. "어머님, 태이가 친구 얼굴을 할퀴어서 얼굴에 상처가 났어요." 지난번에도 그랬었는데 또 상처를 냈다고 한다. 친구 엄마에게 미안한 마음에 사과하겠다고 했다. 지한이도 어린이집에서 친구들 얼굴에 상처를 낸 적이 있었다. 반대로 친구가 얼굴에 상처를 낸 일도 있다. 힘 조절이 안 되는 아기들이기에 이런 일은 있을 수 있다고 생각했다. 착각이었다. 아이 엄마에게 전화해 죄송하다고 말했다. 괜찮다고 말할 줄 알았다. 생각과 다른 반응이다. "속상하고 화나요. 한 번도 아니고 저번에도 그러더니 이번에도 그랬어요. 너무 화가 나네요." 격양된 목소리다. "아이 손톱 정리 좀 잘 시키세요."라고 말했다. 나는 다시 한 번 죄송하다고 말했다. 얼굴이 달아올랐다. 처음에는 아무리 화가 났어도 미안하다는 사람한테 무례하다고 생각했다. 그러다 억울함은 부끄러움으로 바뀌었다. 태이가 손에 힘이 좋아 집에서도 지한이 얼굴을 할퀸 적이 더러 있었다. 하얀 지한이 얼굴에 빨갛게 손톱 상처가 났었다. 집에서도 그러는데 어린이집에서도 그럴 수 있었다. 손톱을 자주 들여다보고 다듬어 주어야 했는데 그러지 못했다. 내가 신경을 못 쓴 탓이다. 일에만 몰두하고 바쁘게 살면서 둘째니까 괜찮다고 생각했다. 옆에 앉아서 저녁을 먹고 있는 지한이의 손을 잡고 손톱을 봤다. 길었다. 내가 아이들 손도 안 잡고 살았구나. 이제야 내가 어떻게 아이들을 대하고 어떻게 살고 있었는지 깨달았다. 친구 엄마를 무례하다고 뭐라 할 게 아니다. 아이들이 함께 생활하는 어린이집에 아이를 챙기지 않고 보내기만 했다. 내가 더 무례한 엄마였다.

아이들 손을 봤어야 손톱이 긴지 아닌지 아는데 안 봤다. 내가 어떤 엄마로 살고 있었는지 다시 생각하게 했다.

　요즘은 태이의 손을 자주 들여다보고 이틀에 한 번씩 손톱을 정리하고 있다. 그리고 함께 있을 때 손을 잡고 사랑해 말하며 안아준다. 볼에 뽀뽀를 하기도 한다. 그때마다 웃으며 좋아한다. 웃음소리에 나도 웃는다. 아이를 키우다 보면 반성하게 되는 일도 웃게 되는 일도 많다. 웃음으로 힘을 얻는다. 일과 육아 둘 다 잘하기는 어렵다. 일에 집중하면 아이에게 소홀해지고 아이에게 집중하면 일을 못 할까 봐 불안해진다. 그래서 결론을 내렸다. 둘 다 완벽하게 하는 건 어려우니 적어도 아이에게 무심한 엄마, 무서운 엄마는 되지 말자. 시간의 양보다 집중의 질을 선택한다. 조금씩 달라져 본다. 칭찬을 많이 하자. 손을 잡고 쓰다듬어주자. 그리고 아이들과 눈을 맞추고 아이들이 하는 이야기를 끝까지 들어주자.

　지한이에게 말했다. 엄마는 지한이가 있어서 행복해. 지한이도 웃으며 말한다. 저도 엄마가 있어서 행복해요. 태이에게 말했다. 태이야 사랑해. 태이도 따라 말한다. 사랑해요. 아이와 함께 웃고 성장하는 엄마가 되고 싶다.

# 마흔, 불혹의 온도

## 강혜진

　나이 들면서 점점 좋아지는 것이 있다. 외모도 건강도 노화로 인해 조금씩 시들어 가지만 정신만은 끝없이 성장할 수 있다는 걸 요즘 제대로 느낀다. 살아온 시간만큼 겪어낸 경험만큼 눈에 띄지 않을 만큼 더디게 그러나 분명히 조금씩 성장하던 나였다.
　드디어 나의 온도도 100℃에 다다랐다. 아무리 열을 가해도 끓지 않던 물이 드디어 끓기 시작하는 온도 100℃. 죽어라 열심히 살아도 변함없던 나의 인생이 어느 날 100℃가 된 것이다. 그 어느 날이 마흔이었다.
　마흔을 '불혹'이라 한다. 세상의 그 어떤 유혹에도 흔들리지 않을 나이. 서른아홉에서 마흔이 된다고 뭐가 바뀌겠냐며 콧방귀를 뀌던 나는 마흔이 되고 나서야 '불혹'이라는 말의 의미를 제대로 알았다.

 나를 평생 쥐고 흔들던 가장 큰 유혹은 '나중에' 하고 미루는 마음이었다. 해야 할 일도 하고 싶은 일도 많았다. 하지만 어느 것 하나 집중해 끝맺지 못하고 이것저것 기웃거리기만 한다고 방황한 십 대 이십 대 삼십 대였다.

 남 부럽지 않게 열심히 살면서도 결과가 마음에 들지 않자 나중에 해야겠다며 미루는 습관이 생겼다. 무기력이었다. 마음대로 되지 않는 남편과 남편보다 더 마음대로 되지 않는 아이들을 마주하며 생긴 행동이었다. 골치 아프고 성가신 일은 외면하고 싶어 휴대폰만 들여다보는 날이 늘었다. 시간이 없다는 말을 입에 달고 살면서도 일은 계속 쌓여만 갔다.

 어느 해에는 새해 소원으로 '잠 안 자도 피곤하지 않게 해 달라'고 빌었다. 신이 한 가지 소원을 들어준다면 '내 하루가 48시간이 되게 해 달라고 해야지.' 생각했다. 성과 없이 바쁘게 살았다. 시간의 소중함을 알고 있어 다행이었다.

 우연히 들은 유튜브 강의에서 명상 효과를 알게 됐다. 매일 아침 4시에 일어나 명상으로 하루를 시작했다. 시간을 철저히 관리하기 위해 다이어리에 하루를 10분 단위로 쪼개 내가 한 일을 기록하기 시작했다. 다이어리 기록을 보며 허비하는 시간이 많다는 것을 알게 됐다. 더 좋은 사람이 되고 싶어 책을 읽고 글을 쓰기 시작했다. 독서 커뮤니티에 가입해 서평도 쓰고 배울 것이 많은 사람과 토론도 했다.

어느 날 800명이 넘는 사람들 앞에서 강연할 기회가 생겼다. 그 자리에서 나는 시간 관리를 잘하는 사람이며 앞으로 작가가 되겠다고 공언했다. 곧장 책 쓰기 강의에 등록했고 매일 읽고 쓰는 삶을 이어갔다.

독서 하며 나의 우선순위에 대해 깊이 생각했다. 하루 중 가장 긴 시간을 투자해야 할 우선순위는 무엇일까 고민했다. 학교에서 동료들과 수다 떨고 집에서 소파에 누워 휴대폰만 하는 것은 내 우선순위가 아니었다.

우선순위를 명확히 하지 않으면 시간을 주도적으로 쓸 수 없다. 그저 흐르는 시간에 떠밀리듯 나이 들 뿐이다. 하루 48시간을 선물로 받는다 해도 우선순위가 없으면 허비하는 시간만 두 배가 된다.

김종원 작가는 《너에게 들려주는 단단한 말》에서 우선순위 정하는 법을 이렇게 말했다. "가장 먼저 해야 할 것, 그다음에 해야 할 것, 마지막으로 꼭 해야 할 것, 세 가지만 정하고 다른 것은 포함시키지 말라."

나도 세 가지만 정해서 실천해 보기로 했다. 명상하고 독서하고 사색하며 나에게 가장 가치 있는 세 가지를 추렸다. 그것은 바로 '가족', '건강', '배움과 성장'이었다.

그 언젠가 남편은 "쉰이 되어도 예순이 되어도 지금의 건강을 유지하고 싶다."라고 했다. 건강 검진을 다녀와서는 자신의 혈관 상태가 삼십 대 초반이라며 자랑했다. 숨차게 달려도 최고 심박수가 점점 낮아지고 달리기 기록이 좋아진다며 웃었다. 그때는 남편이 얄미웠다. 아이 키우느라 운동할 시간도 없던 나는 마른 비만에 고지혈증 수치가 높아 재검 통보를 받았다. 달리기는커녕 망가진 골반과 허리 때문에 걷기도 힘들었다. 운동 즐기는 남편이 밉기만 했다. 그런데도 남편을 따라 운동할 생각은 못 했다.

지금은 다르다. 강아지와 아침 산책을 하고 집 앞 하천가를 달린다. 매일 자전거로 출퇴근하며 심장이 뛰는 희열을 맛본다. 운동하며 땀 흘리는 기쁨을 알게 됐다. 몸도 건강해지고 체력도 좋아졌다. 피곤함을 덜 느끼게 되었다. 다이어트 신경 쓰지 않아도 건강한 몸매는 덤이었다. 무엇보다 마음이 편안하다. 일상에서 받은 스트레스를 운동으로 해소한다. 짜증 내던 태도가 온화해지고 가족들에게 부드러운 말투로 대한다.

내 우선순위를 분명히 하자 남편의 우선순위도 보였다. 궂은 날에도 빠지지 않고 테니스 코트에서 땀 흘리는 남편. 그의 우선순위는 건강이었다. 남편의 꾸준함과 부지런함에 감탄하게 됐다. 남편만큼 충실히 우선순위를 지키며 자기 관리를 하는 사람이 또 있을까 싶다. 어느 순간 남편이 대단하다는 생각까지 들었다.

운동하러 나가는 남편에게 "다치지 말고 잘 다녀와." 인사를 건넨다. 가끔 테니스 대회에서 상품을 받아 올 때면 "잘했다."라고 칭찬도 한다. 이젠 가족 모두가 테니스 코트에서 함께 운동을 즐긴다.

좋은 책을 읽으면서 세상을 바라보는 내 태도에도 변화가 생기기 시작했다. 늘 내가 맞다고 생각했고 나는 좋은 사람이라고 자신하며 살았다. 그런 내 태도에 문제가 있었다는 것을 깨닫게 되었다. 이런 나로 인해 주변 사람들이 얼마나 힘들었을까 나를 되돌아보게 되었다.

오지랖이 넓어 모두 내 손으로 해결해야 직성이 풀리는 나였다. 보고 들은 걸 모르는 척 못 해 두 팔 걷어붙이고 해결사를 자처하던 나였다. 내 것은 제일 나중에 챙기고 남의 것 챙겨 주느라 바쁘게 사는 나였다. 그런데 철저히 나를 위한 우선순위를 챙겼더니 피곤하고 시간이 없을 땐 내 것에만 집중할 수 있게 되었다. 별것 아닌 것에는 쿨할 수 있게 되었다. 피곤할 땐 저녁을 시켜 먹고, 귀찮을 땐 정리하지 않고 잠부터 자고 본다. 눈앞에 보이는 귀찮은 일들을 혼자 해결해야겠다는 강박을 내려놓았다. 나 먼저 챙겼더니 남편도, 아이들도 어여삐 대할 여유가 생겼다.

오로지 자기만을 위해 시간을 보내는 것은 세상 그 누구보다 나를 존중하는 행위이다. 존중받은 사람이 다른 사람도 존중할 수 있는 법, 책 읽고 명상하며 내 마음을 챙겼더니, 어느 날 나의 온도가 100℃에 다다라 끓기 시작했다. 변했다. 나도 사는 재미를 느끼며 살게 되었다.

# 남편 덕에 인생 레벨 업

## 김미애

결혼하고 14년이 지났다. 결혼 초의 나와 결혼 후 14년이 지난 지금의 나는 많은 것이 달라졌다. 남편과 나는 치열하게 다투며 살아왔다. 어쩌다 나와 달라도 너무 다른 이 사람을 만나 불행한 삶을 살아가야 하는지 원망한 적도 많았다. 그러나 지금은 원망보다는 '이 사람을 만나 다행이다. 남편 덕분에 나 자신을 사랑하는 멋진 나를 만들어줘서 고맙다.'라고 생각하며 살아가고 있다. 생각을 바꾸니 남편과 나의 관계도 크게 달라졌다. 항상 나를 도와줄 슈퍼맨을 기다리던 내가 이제는 더 강해졌다.

첫째, 나는 행복한 내가 되기로 결심했다.
자존감과 자신감이 부족했던 나는 연애 시절, 나를 온전히 사랑해줄 것 같았던 남편과의 결혼을 기대했다. 하지만 출산과 육아로 체중이 늘자, 남편이 외모나 몸무게를 가지고 놀릴 때마다 소름이 끼칠 정도로 듣기 싫었고 화가 났다. 그럴수록 허기가 져서 폭식을 반복했고, 자존감은 바닥을 쳤다. 남편과 다투고 집을 나왔던 어느 날, 내가 나를 사랑하지 않으면 누구도 나를 사랑할 수 없다는 사실을 깨달았다. 뚱뚱하든, 날씬하든, 젊든, 늙었든, 나는 소중한 존재였다. 어떤 모습이든 나 자신부터 사랑하자는 다짐을 했다. 그래서 나는 '건강한 돼지'가 되기로 결심했다.

나는 맛있는 음식을 먹을 때 가장 큰 행복을 느낀다. 그래서 그 행복을 더 오래 누리기 위해 운동을 시작했다. 출산 후 육아로 지쳐 운동과 담을 쌓았던 내가 처음 운동을 시작할 때 운동은 어렵고 재미없었다. 지루함을 이겨내기 위해 사이클을 타며 소설이나 자기 계발서를 읽었다. 처음엔 유튜브나 드라마를 보기도 했지만, 글을 쓰면서 시간이 부족해 책을 읽지 못한다는 구차한 변명이 싫어 어느 순간부터는 책을 보기 시작했다. 흥미로운 책을 읽다 보면 사이클을 오래 타도 엉덩이 아픈 것을 참을 수 있었다. 책을 다시 읽으면서 작가의 꿈을 꾸게 되었다.

줌바는 나에게 힐링이다. 신나는 음악에 맞춰 몸을 흔들다 보면 스트레스가 풀렸다. 땀이 흐르고, 숨이 찬다. 거울 속에서 활짝 웃고 있는 나의 모습이 좋다. 가끔은 5km 달리기나 등산도 한다. 남편은 여전히 등산과 달리기를 싫어하지만, 이제는 남편이 나와 함께하지 않아도 서운하지 않다. 취미를 나와 잘 맞는 사람과 함께할 수 있다면 더욱 좋겠지만, 혼자라도 행복하다. 나는 더 이상 남편의 놀림에 상처받지 않는다. "그래, 나 뚱뚱하다. 그게 뭐 어때?" 나는 오늘도 신나게 먹고, 열심히 움직인다. 생기 넘치는 나를 사랑한다. 내 몸은 나의 열정과 의지를 품은 건강한 집이다.

둘째, 나는 포기하지 않는 끈기를 갖기로 했다.

남편은 내가 끈기가 부족하다고 자주 말했다. 나는 억울했다. 나름 열심히 살았고, 이유가 있어서 중도에 그만둔 일이 대부분이었다. 하지만 그의 말이 완전히 틀린 것은 아니었다. 나는 하고 싶은 것이 많아 쉽게 시작했지만, 대부분 끝을 보지 못했다. 남편의 잔소리는 스트레스였고 듣기 싫었지만, 어느 순간 그의 말에 반기를 들며 '내가 포기를 모르는 사람임을 보여주겠다.' 다짐했다. 그 시작이 사회복지대학원 입학이었다. 1시간 거리의 대학원에 진학하겠다는 나의 선언에 남편은 반대했다. 직장, 육아를 병행하며 대학원을 다니는 것은 불가능하다며 중간에 휴학하거나 자퇴할 거라 단정했다. 하지만 이상하게 오기가 생겼다. 이전의 나와는 다르다는 것을 보여주고 싶었다. 대학원 등록 후, 초등학생 아들의 저녁을 챙기고 수업에 참여하려면 하루하루가 전쟁이었다. 하지만 수업에 결석하지 않으려 노력했고, 시험공부와 복지센터 실습에도 최선을 다했다. 나는 끝까지 해냈다. 졸업장을 손에 쥐었고, 사회복지사 2급 자격증도 취득했다. 남편은 놀랐다. 나는 속으로 외쳤다. '봤지? 나, 이제 포기하지 않는 사람이야.' 남편의 말 한마디가 내 마음속 심지를 더 깊이 박아준 셈이다. 남편의 냉소가 결국 나를 단단하게 만든 힘이 되었다.

셋째, 나는 꿈을 꾸고 이루기 위해 노력하기로 했다.

결혼 후, 남편은 내가 말하는 꿈이나 희망을 모두 "안 되는 소리."라고 일축했다. 나는 그런 그의 반응이 싫었다. 오히려 '내가 말한 것을 이뤄서 코를 납작하게 해줘야지.'라는 마음이 들었다. 라디오에 퀴즈나 사연 문자를 보낼 때마다 남편은 "또 문자비를 날리냐?"라며 핀잔을 줬다. 내 사연이 방송에 나오고, 퀴즈에 당첨되어 선물을 받자 어느 순간 남편도 나와 함께 퀴즈 답을 보내기 시작했다. 내 이름이 적힌 책을 가진 작가가 되고 싶다고 말했을 때도 "개나 소나 작가야? 작가가 아무나 되나?"라고 말했다. 그 말이 오히려 내 오기를 자극했다. 나는 열심히 글을 썼다. 마침내 내 이름이 적힌 《평범한 날들을 특별하게 만드는 특별한 글쓰기》 책이 출판되었다. 남편은 "출판사의 꼬임에 넘어간 거다."라며 책을 사지도, 읽지도 않았다. 그럼에도 나는 흔들리지 않았다.

운동, 대학원 공부, 작가, 라디오 사연 보내기 등. 내가 도전하려는 일들마다 남편은 "하지 마."라고 말했다. 시작은 쉽게 하나 끝까지 하는 힘이 부족한 나를 잘 알기 때문이다. 자기 계발에 집중하면 애들 챙기는 일에 소홀할까 염려도 되었을 터다. "내가 그렇지 뭐!" 하며 스스로 깎아내릴까 싶어 남편은 처음부터 나의 도전을 원치 않았을지도 모른다. 남편 반응이 동력이 되어 '끝까지 하는' 모습을 나에게 증명했다. 나는 해내는 사람이 되었다. 지금의 나는 그 누구보다 강하고 단단한 사람이다. 남편의 부정적 말들이 나를 멈추게 한 것이 아니라, 오히려 나를 성장하게 만든 연료가 되었다.

그렇다고 남편이 언제나 냉정하고 무뚝뚝하기만 했던 것은 아니다. 나를 아는 친구들은 나의 남편을 '츤데레 남편'이라고 부른다. 처음에는 모든 것을 '아니'라고 하지만 결국엔 모든 것이 내 뜻대로 이루어지게 해준다는 것이다. 내가 직장이나 학교 때문에 힘들 때 조용히 아이들을 챙겨주고, 몸무게로 놀리면서도 내가 좋아하는 음식을 사다 주는 남편이다. 라디오 사연이 소개되었을 때는 말없이 내 옆에서 흐뭇한 미소를 지었고, 사회복지사 자격증을 땄다며 친구들에게 자랑하기도 한다. 표현은 서툴렀지만, 그의 방식으로 나를 응원하고 있었다. 남편 덕분에 나의 인생은 레벨 업 되었다. 지금의 나는 남편과 함께 성장했고, 서로를 통해 더 나은 사람이 되어가고 있다. 그렇게 우리는, 다투며 사랑하며, 함께 인생을 만들어 가고 있다.

## '애도'를 통해 깨닫게 된 엄마의 손길

### 김선호

　나의 슬픔에 직면하고 엄마를 '애도' 하게 되면서 자연스레 엄마와 함께했던 시간과 추억을 떠올려 보았다. 엄마는 항상 나의 곁에 있었다. 내가 성인이 되어 혼자 해냈다고 생각했던 순간들조차, 엄마의 기도와 응원이 없었다면 절대로 해낼 수 없었을 것이다. 나의 삶 곳곳에 스며들어 있는 엄마의 손길과 흔적이 너무 소중하고 감사했다. 그래서 엄마의 손길과 흔적에 대해 좀 더 깊이 생각해 보기로 했다.

　가장 먼저 떠오른 것은, 엄마도 한 인격체로서 청춘을 살아가고 있다는 것을 깨닫게 된 것이다. 고등학생이었던 나는 거실 식탁에 앉아 숙제를 하고 있었는데, 엄마가 상기된 표정으로 말했다. "선호야! 엄마 운전면허 딸래!" 평생 운전대 한 번 잡아볼 기회조차 없었던 엄마가 갑자기 운전면허를 따겠다고 하니 그 이유가 궁금해 물었다. "그냥… 엄마도 무언가에 도전해 보고 싶어졌거든." 생각하지도 못했던 대답이었다. 나이 50살이 거의 다 되어서 '도전'이라는 단어가 어울리는가 싶었다. 다음날, 엄마는 서점에 가서 운전면허 문제집을 하나 사 오시더니, 내 맞은 편에 앉아 그 문제집을 닳도록 보고 또 보셨다. 그리고 얼마 뒤, 하교하고 집에 돌아오는데 뒤에서 한 트럭이 깜박깜박 라이트를 켰다 끄기를 반복했다. 엄마였다. 활짝 웃으며 한껏 상기되어 있는 우리 엄마였다. 알고 보니 낮에 옆집 아저씨께 트럭을 빌려 운전 연습을 하셨고, 결국 1종 운전면허를 단번에 따셨다. 바짝 긴장하여 허리를 곧게 세우고 조심스레 트럭을 운전하고 있는 엄마의 반짝이는 눈을 보는 순간 깨달았다.

'엄마 역시 꿈이 있어 도전하는 사람이구나. 아니, 엄마는 아직 청춘이구나!'

20여 년 가까이 '엄마'로만 생각했던 사람이 어느 순간 꿈과 목표가 생기고, 이를 위해 밤낮으로 노력하던 모습이 나에게 있어 아주 크고 신선한 충격으로 다가왔다. 그와 동시에 성취감에 환하게 웃던 엄마가 앞으로도 엄마라는 역할에 갇혀 살지 말고 계속해서 꿈을 꾸고 실현해갔으면 좋겠다는 생각을 했다. 그래서 그날 이후로 나는 '엄마'가 아니라 '희자 씨'라고 부르기 시작했다. 엄마는 나에게 노력하며 꿈을 꾸고 실현해가는 삶의 방법을 몸소 보여준 멘토이자 최고의 선생님이었다.

나는 어릴 때부터 아무 욕심이 없던 아이였다. 어느 날, 하교하던 중에 동네 형이 연주하는 색소폰 소리를 듣게 되었다. 매일 산과 들에서 뛰어놀기 바빴던 시골 소년에게 있어 색소폰이 주는 중저음의 소리는 마법과도 같았다. 그래서 난생처음으로 엄마에게 색소폰을 갖고 싶다고 말을 했다. 아들이 처음으로 무언가를 갖고 싶다고 했으니, 어떻게든 이 소원을 들어주고 싶었을 터이다. 넉넉지 않은 살림을 쪼개고 쪼개 10만 원을 만들어 설레는 마음으로 중고 악기사에 갔다. 그러나 색소폰은 우리의 예산보다 훨씬 비쌌다. 몹시 당황하고 어쩔 줄 몰라 하는 모자를 본 악기사 사장님은 색소폰 대신에 플루트를 추천하며 교본 두 권도 서비스로 넣어주었다. 그렇게 나는 집에서 플루트를 혼자 갖고 놀기 시작했고, 이후 플루트를 전공하여 음악 교사가 되고 싶다는 꿈을 꾸게 되었다. 사실상 우리 집안 형편으로 음악을 한다는 것 자체가 불가능했다. 어린 나조차도 그건 실현 불가능하다고 생각했지만, 엄마는 나에게 단 한마디만 물으셨다. "선호야, 하고 싶어? 그럼 하자!" 그렇게 엄마는 철부지 아들의 의견을 존중해 주었고, 고3이 될 때까지 지원해 주셨다. 그런 엄마의 믿음과 희생을 알고 있기에 나 역시 정말 최선을 다해 노력했다. 모의고사 성적도 생각보다 잘 오르고 있었고, 콩쿠르에 나가 입상도 몇 번 하게 되면서 음악교육과에 진학하는 것은 문제없으리라 생각했다. 그런데 현실은 그리 녹록지 않았고, 정시 모두 낙방하였다. 재수를 할까, 아니면 성적에 맞추어 다른 전공으로 입학을 할까 고민을 했다. 고심 끝에 장학금을 받을 수 있기에 우선 입학해 보고 결정하자고 결론을 내었다. 그러자 엄마는 나에게 차분하게 한 가지만 물으셨다. "여러 번 생각해 본 거지? 후회하지 않겠어? 그럼 그렇게 하자!" 엄마는 또 나의 말을 믿어주었다. 그동안 투자했던 시간과 돈을 생각하면 다른 전공을 선택하겠다는 나의 선택에 쉽게 동의가 되지는 않았을 것 같다. 그러나 엄마는 과감하게 나의 선택을 지지해 주셨고, 덕분에 나 역시 새로운 전공에 잘 적응하고자 더욱 노력할 수 있었다. 이렇게 나에게 '신뢰' 한다는 모습이 무엇인지를 알게 해준 엄마 덕분에, 이후 교직 생활에서 학생들을 지지하고 응원하며 '신뢰' 할 수 있는 교사가 될 수 있었다. 더 나아가 육아를 함에 있어서도 위험한 것이 아니라면 딸이 하고자 하는 것에 묵묵히 기다리며 응원할 수 있는 여유도 생겼다.

엄마는 나에게 '사랑'에 대해서 알려주셨다. 단 한 문장으로 엄마를 표현하라고 하면, 나는 단연 '사랑이 넘치는 사람'이라고 말하고 싶다. 엄마는 항상 새벽 예배를 다녀오시며 곧장 침대 머리맡에 오셔서 축복 기도를 해 주시고, 아무리 바빠도 등·하교할 때 꼭 안아주셨다. 독립한 후에 오랜만에 고향에 내려갈 때면 현관에 들어서기도 전에 주방에서부터 두 팔 벌려 뛰어오시던 엄마의 모습이 생생하다. 그런 엄마의 사랑을 더욱 절실히 느끼게 된 것은 아이를 낳은 후이다. 2020년 4월 27일, 딸이 태어났다. 그냥 보고만 있어도 배가 부르다는 말이 무엇인지 알 수 있었다. 아이가 태어난 후로는 우리 집의 모든 것은 아이를 중심으로 바뀌었다. 아주 작은 포크에서부터 소파나 가구 모든 것이 아이가 생활하는 데에 편하고 안전하도록 맞춰졌다. 어느 순간 지나고 보니 우리 부부 두 사람의 반찬으로 가득했던 우리 집의 냉장고에는 아이의 간식과 반찬으로 가득하게 되었다. 엄마 장례식을 마치고 본가 냉장고를 청소하며 어른이 된 지금의 나도 엄마에게 그저 어린아이였음을 알게 되었다. 냉장고와 냉동고 한 칸 한 칸에는 포스트잇으로 식품명과 일자까지 정성껏 적어 누나와 내가 좋아하는 것들로 가득했다. 그리고 사위와 며느리, 그리고 두 손녀가 좋아하는 것들까지 하나하나 손수 적어 정리해 놓았다. 지독하게 아픈 와중에서도 우리가 오면 먹이고 싶어 하나하나 포장하고 있었을 엄마를 생각하니 마음이 찡해왔다. 내리사랑은 있어도 치사랑은 없다고, 엄마를 사랑한다고 그리 외쳐댔지만 실제로 나는 엄마의 사랑에 반도 미치지 못한 것 같다. 고이 잠든 딸을 보면서 엄마가 왜 나를 보며 항상 미안해했는지 조금은 알 것 같았다. 참으로 많은 것을 해 주었지만, 더 많은 것을 해 주지 못해 미안한 그 마음. 어쩌면 부모의 사랑은 이런 것이지 않을까 싶다. 엄마의 그 넘쳐나는 사랑을 기억하며, 오늘도 나는 내가 받은 사랑을 어떻게 하면 딸에게 전달할 수 있을까 잠든 아이의 머리칼을 쓸어 넘기며 고민한다.

 엄마를 애도하는 시간은 그 어떤 자기 계발보다 우리 가족과 나를 성장시키고 단단하게 만들었다. 물론 따뜻한 엄마 손을 어루만질 수 없고 다정한 목소리를 들을 수 없음은 너무나 슬프다. 하지만 그 슬픔에 집중하고 나니, 엄마의 흔적과 손길이 지금의 내 삶과 우리 가족 안에 늘 함께하고 있다는 것을 알게 되었다. 그래서 나는 오늘도 엄마를 떠올리면 여전히 슬프지만, 여전히 나와 함께 하는 엄마를 추억할 수 있음에 행복하고 감사하다.

 사랑하는 사람과의 이별을 경험하게 되면 상상하지도 못하는 상실감에 쓰러지고 아파할 수밖에 없다. 그리고 슬픔의 과정은 그 누구도 피해 갈 수 없다. 그래서 수많은 자기 계발 중에서도 '애도'는 나 자신과 가족의 몸과 마음이 건강해지기 위해 반드시 필요한 과정이다.

## 내 나이 마흔, 아버지의 시간을 걷다

**백현기**

내가 초등학교 입학하기 전 가족은 야반도주했다. 아버지의 의료기 사업에 실패했기 때문이다. 그 후 막노동하면서 버티셨다. 30년 전 아버지의 모습을 떠올리며, 3년 전 ○○ 잡지사 공모전에 아버지의 삶을 글로 써서 제출했고 입선했다.

어머니의 전화가 걸려왔다. "네 아버지가 한참을 우시더라. 고생시켜서 미안하고 고맙다고 하시더라." 힘들고 괴로웠던 기억이 글감이 되어 나와 아버지, 어머니를 하나로 연결해 주었다는 생각에 뭉클했다.

아버지는 학원 통학버스 운전도 했다. 주말엔 아버지를 도와 세차한 적도 있다. 조수석엔 아버지가 읽고 쓴 흔적이 있었다. 소설, 시집, 한문이 가득한 책들, 그리고 펼쳐진 메모지. 아버지는 나보다 먼저 작가처럼 읽고 메모하셨던 거다.

　지역 신문에 아버지 글이 실린 적 있었다. 이미 친척 모두는 아버지 자랑 때문에 알고 있었다. 나만 몰랐다. 본가에 오는 날, 직접 나에게 신문을 보여주고자 비밀로 했었단다. 나의 칭찬을 기대하듯 들떠 계신 아버지 표정은 처음 보았다. 책과 메모지를 벗 삼아 생활하시더니 결과물까지 나왔다며 등단 후 수필가 신인상을 받은 것처럼 기뻐하셨다.

　40여 년 동안 아버지를 곁에서 지켜봤지만, 사업 실패, 술주정, 부부싸움 등의 얼룩으로 인해 아버지의 꿈을 제대로 보지 못했었다. 넉넉지 못한 현실에서 실패만 반복했던 아버지에게도 작가의 꿈이 있었다는 사실을.

　일찍 돌아가신 할아버지로 인해, 일찌감치 가장 역할을 맡아야 했기에 글 쓰는 일은 생각지도 못했을 터다. 품고 있었던 꿈보다는 아버지께 보이는 모습으로만 아버지를 판단했다. 아버지를 제대로 알지 못하면서 원망하며 내 멋대로 부정적인 부분만 바라보았다. 아버지의 작가 꿈을 알아차리고 나니, 거실 곳곳의 낡고 찢어진 메모지가 붙은 책이 눈에 들어왔다. 책 사이에 신문을 접어 꽂아둔 페이지도 있었다. 기억하고 싶은 기사를 스크랩해 두셨던 모양이다.

　야반도주했던 아버지처럼, 나 역시 인생의 실패자가 된 것 같았다. 신혼집 전세 계약 2년도 채우지 못하고 이혼했다. 부모님께 곧바로 말씀드리지 못했다. 나 빼고 세상 사람 모두가 행복해 보였다. 이혼 후 술에 의지하게 되었다. 공허했다. 이러다 인생 포기할 것 같았다. 제 발로 치료센터를 찾았다. 선생님은 나에게 술을 대신할 방법을 추천했다. "운동, 독서, 여행 그 어떤 것이라도 좋으니 관심을 돌려보는 게 어때요?" 평범한 일상으로 돌아오기까지 2년이나 걸렸다.

내가 도전했던 방법은 독서였다. 손에 잡히는 대로 읽었다. 술자리는 피했다. 도서관에 박혀 책 읽다가 24시간 운영하는 독서실에서 쪽잠을 자기도 하고 출근하기도 했다. 알코올 중독 치료를 위한 나만의 방식이었다. 치열한 독서 과정을 글감 삼아 '습관을 고치는 힘'에 관한 글을 써서 신문사에 보냈다. 중독에서 벗어나는 길은 '실천'이 중요했다.

동료들이 내 글을 읽을 줄은 몰랐다. 약속이라도 한 듯 모두 "고생했다, 잘될 거다."라는 말로 위로해 주었다. 삶을 포기하고 싶었을 정도로 마음속 상처와 중독으로 가득했던 내가 읽고 쓰며 독자의 공감을 받으니 다시 시작할 수 있었다.

시기는 달랐지만, 앞서 아버지의 신문 글과 나의 신문 글을 만나는 듯했다. 아버지도 나처럼 긴 터널을 지나왔으리라. 가족 모두 힘겨워했던 아버지의 마흔을, 내가 짐작해 본다. 사업 실패, 야반도주, 간암 환자, 알코올 중독자의 시간을 겪으셨던 아버지도 지금 잘 살아가고 있다. 긴 터널 끝엔 밝은 빛이 있는 법이다. 터널을 통과하는 방법이 읽고 쓰는 삶이었다는 것을 아버지의 모습과 내 경험을 통해 확인할 수 있다.

읽고 쓰는 삶을 살기 시작한 후로 나는 달라졌다. 짜증, 비난, 원망할 겨를이 없다. 근무 시간 외엔 읽기와 쓰기에만 집중하며 살고 있다. 좋아하는 일이고 즐겁다. 수시로 노트북을 열어 브런치 글도 발행하여 동료 작가들에게도 공유한다. 지나온 날들 돌아보면 관심을 돌려보라는 한 마디가 시작이었다. 내가 선입견으로 지켜본 아버지와는 다르게 살겠다며 의지를 다진 것도 한몫했다. 불혹. 내가 겪을 수 있는 실패는 모두 겪은 듯하다. 인생길 고속도로처럼 곧지 않고 굽어 돌아온 것 같지만 덕분에 글감 창고를 가득 채웠다. 성공을 위한 실패 이야기를 계속 찾아볼 생각이다.

"선배님, 또 도서관 가세요? 어쩜 그렇게 재미없는 책을 많이 읽으시는지 신기해요."

같이 근무하는 후배 말에 웃으며 대답했다.

"독서는 인생 시험 해결하는 기출문제지! 담에 내 특강 꼭 들어라. 시간 없다고 펑크내지 말고."

　아직 뚜렷한 존재감을 드러내진 못했지만, 글을 쓰는 순간만큼은 나도 작가가 된다. 쓰는 사람이 곧 작가인 거니까. 사실 대단한 의미가 있는 건 아니지만, 지금은 이 자체로 글 쓸 용기가 솟아난다. 과거 공허함에 빠져 아무것도 할 수 없었던 모습에서 이제는 180도 바뀌어 버린 지금의 내 모습을 보고 있노라면, 스스로 행복을 느낄 수 있는 인간 백현기가 됐다. 내 삶을 발전시키는 최고의 계발법을 깨달은 셈이다.

　며칠 전부터 새벽에 조금 일찍 일어나 새롭게 읽기 시작한 책을 펼쳤다. 이은대 작가의 《나이 오십은 얼마나 위대한가》다. 졸음이 쏟아져 앉은 채로 졸기도 하지만, 그래도 괜찮다. 읽다 보면 나도 무언가가 되기 위해 최선을 다하고 있다는 자신감이 생긴 덕분이다. 제목처럼 위대한 나이 오십을 준비하기 위해 노력할 뿐이다. 30년 전 기억 속의 아버지는 당신의 오십을 어떤 마음으로 준비했을지 궁금하다. 아버지도 아버지로 사는 것은 처음이라 모든 것이 서툴고 어색하셨을 터다. 그러나 지금은 중독을 이겨내고 어엿한 글을 쓰며 살아가는 것처럼, 나 역시 그런 아버지의 걸음을 따라가고 있다. 읽고 쓰며 강의하는 삶을 살아가면서 아버지를 공감한다.

공허했던 날들을 이겨낸 후 행복을 되찾았다. 아버지의 작가라는 꿈을 이제라도 응원하고 싶다. 내가 성장한 만큼 아버지의 꿈도 함께 키워드리고 싶다. 부자 작가, 꽤 괜찮지 않은가? 아버지와 함께 멋진 작가로 발돋움하며 세상에 긍정적인 메시지를 전하고 싶다.

# 있는 그대로 괜찮다

## 신민진

"잠깐 이리 와 봐."

남편이 내 팔을 잡아끌며 식탁에 앉혔다. 처음 보는 그의 낯선 모습에 어안이 벙벙해졌다. 거실에서 놀던 두 아이도 장난감을 던져두고 다가왔다. 무언가 다른 공기를 눈치챈 듯했다. 아이들 눈에도 아빠가 낯설어 보였는지 어리둥절한 표정으로 상황을 살폈다. 남편은 리본이 묶인 상자와 편지를 어색하게 내밀며 말했다.

"오늘이 결혼기념일이잖아."
"뭐야. 왜 안 하던 짓을 하고 그래."

기분이 좋아야 할 것 같은데, 마음 한편이 무겁게 가라앉았다. "사랑해, 미안해, 고마워."로 시작하는 남편의 편지, 결혼 7년 만에 처음 받아본 기념일 선물이었다. 케이크와 선물을 마련하고, 음식을 차리고, 편지로 마음을 전하곤 했던 다섯 번의 결혼기념일이 떠올랐다. 늘 나 혼자 준비했던 날들이었다. 결혼은 우리가 함께했는데 기념일마다 남편은 축하를 받기만 했다. 보석이나 명품가방을 바란 것도 아니다. 우리에게 의미 있는 날을 함께 기억해주고 작은 마음이라도 표현해 주길 바랐다. 하지만 남편은 언제나 감정이 없는 돌처럼 무덤덤했다. 서운함이 쌓여 얼어붙은 마음이 쉽게 녹지 않았다. "남들처럼 달콤한 표현도 잘 못 하고 이벤트도 할 줄 모르지만 묵직하게 당신 옆에서 손 붙잡고 함께할게." 한 장 가득 적힌 말들과 마지막 문장까지 마음이 말랑해질 법도 했지만, 마음속 앙금은 여전히 나를 붙잡고 있었다.

7년간의 결혼 생활을 돌아본다. 무심하고 표현이 서툰 남편과 잘 지내보려고 정성을 다했다. 요리에 흥미가 없었지만 매일 아침과 저녁을 손수 차렸고, 일상의 소소한 감정들을 핑계 삼아 선물을 준비하기도 했다. 손편지를 써서 마음을 전하고, 하루의 일과를 나누며 대화를 시도했다. 가까이 계신 시부모님께도 내가 할 수 있는 최선을 다했다. 하지만 아무리 노력해도 남편과 나 사이의 거리는 좀처럼 좁혀지지 않았다. 함께한 시간이 쌓일수록 오히려 이해하기 힘든 일들이 더 많아졌다. 노력하고 애써도 돌아오는 건, 밑 빠진 독에 물 붓는 심정이었다.

　갈등이 해결되지 않아 공부하게 된 '가족세우기' 상담. 사람과의 관계를 '주고받기의 균형'으로 바라보는데 특히 부부관계는 이 균형이 맞아야 유지된다고 했다. 2년을 넘게 배우고 상담에도 참여해 보니 우리 부부의 모습이 보였다. 나는 내 방식대로 남편을 빈틈없이 챙겨주려고 애썼고, 그만큼의 것이 돌아오지 않는다고 느꼈다. 남편 역시 그만의 방식으로 사랑을 주었을 테지만, 나는 그의 낯선 방식을 사랑이라 여기지도 제대로 받지도 않았다.

　우리는 살아온 환경이 너무 달랐다. 남편의 모습처럼 시부모님도 말수가 적고, 대화가 드물었다. 웬만해서는 물건도 잘 사지 않았다. 텔레비전은 각자 따로 보고. 생일에는 돈을 보내는 것으로 축하를 대신했다. 조용하고 간결한 사랑의 방식이었다. 나는 특별한 날이면 가족 모두가 모여 파티를 하고, 함께 시간을 채우는 것이 사랑이라고 느끼며 자랐다. 아버지는 계절마다 여행을 계획했고, 어머니는 가족이 좋아하는 것을 기억해 두었다가 선물해 주셨다. 모이면 시간 가는 줄 모르고 이야기를 나눴고, 감정을 드러내고 소리 내어 표현하는 데 익숙했다. 옳고 그름이 아니라 단지 다름의 문제였다.

'가족세우기'에서 배운 건 누군가의 문제를 원가족 안에서 바라보며 이해하는 방법이었다. 핵심은 판단이 아닌 존중이다. 모든 것을 있는 그대로 받아들이고 존중할 때 비로소 해결의 실마리가 보이기 시작한다. 반대로 옳고 그름이나 좋고 나쁨을 판단하려는 마음이 얽힘을 만든다. 돌아보니 나 역시 남편의 방식, 표현하지 않는 사랑을 잘못된 것이라며 단정 짓고 있었다. 받아들일 줄 몰랐던 건 남편이 아니라 나였다.

6주년 결혼기념일은 조용히 지나갔다. 더는 짧은 카드도 쓰지 않았다. 일상적인 대화도 줄였고, 질문도 줄였다. 얼마 전 시아버지 팔순 잔치는 내가 하고 싶은 것에 반만 준비했다. 남편이 도와줄 거라 기대하지 않았고, 어린 두 아이를 안고 업고 손잡아 이끌며 혼자 다녔다. 하려던 것을 덜어내고 내 방식을 일부러 무너뜨렸다. 남편의 입장과 기분을 이해해보려는 작은 시도였다. 그리고 정확히 언제, 어디서부터였는지 모르겠다. 어느 순간 내가 하려던 것을 줄이려 애쓰는 만큼 남편도 안 하던 것들을 하나씩 하려는 노력이 느껴졌다. 몸에 밴 익숙한 방식으로만 마음을 표현하던 우리가 어느새 서로의 방식으로 다가가고 있었다.

"저기 빨리 서 봐. 찍어줄게. 지금 딱 좋아."

카메라를 들이대는 남편이 아직 낯설다. 사진 한 장 찍어주지 않던 7년간의 세월이 미안했는지 전용 사진사라도 된 것처럼 이리저리 움직이며 나를 찍어댔다. 아이들을 옆에 세우고 찍고, 독사진도 찍고, 옆에서 팔을 뻗어 같이 셀카도 찍었다.

"엄마, 왜 엄마는 맨날 없어? 아빠만 같이 있고." 첫째 아이 시현이가 앨범을 넘겨보며 묻던 말이 귓가에 맴돈다. 그제야 아이와 함께한 내 사진이 거의 없다는 사실을 깨달았다. 수천 장의 사진 속에서 나는 늘 카메라 뒤에 있었다. "엄마가 없다니! 항상 널 보면서 사진 찍어주고 있었지. 엄마는 사진 찍어주는 사람이 없었어." 말끝을 흐리며 웃어 보였지만, 사진 속 웃고 있는 남편의 얼굴이 야속하게 느껴졌다.

비어버린 시간을 메꾸고 싶어 성장 영상을 만들기 시작했다. 남편을 탓하지 않기 위해 내가 찾은 방법이었다. 시기별로 주제를 나누어 아이들 모습과 함께 내 시선을 담아 자막을 넣었다. 평소에 말로 하지 못한 이야기들도 짧은 영상 안에 담았다. 아이들은 그 영상을 열 번도 넘게 돌려보았다. 남편도 조금씩 달라졌다. 무슨 생각인지 알 수는 없었지만, 그는 사진을 찍으며 나와 아이들을 더 자주 바라보았다. 찍은 사진을 자랑하듯 보여

주며 장면마다 설명도 덧붙였다. 비슷한 배경에 표정만 조금씩 다른 내가 여러 장 있을 땐 웃음이 났다. 아이들과 함께 있는 사진은 보고 또 봐도 좋았다. 쌓여가는 사진만큼, 남편이 나에게 가까이 다가와 주고 있다는 걸 느꼈다. 우리는 조금씩 부드럽게 연결되어 갔다.

 남편과 가까워지고자 애쓴 만큼 되돌아오는 것을 바랐던 시절이 있었다. 내가 남편에게 정성을 쏟으면 남편도 따뜻한 말 한마디쯤은 해줘야 하는 것 아닌가. 작은 기대가 쌓여 서운한 마음을 만들었다. '가족세우기' 상담을 배우면서 비로소 알게 되었다. 우리는 서로 다른 원가족에서 서로 다른 방식의 사랑을 경험하며 자랐다는 것을. 그 사실을 이해하자 남편과 시댁의 방식도 사랑으로 보이기 시작했다. 배움은 곧 이해다. 이해는 비좁은 마음을 넓혀주고 여백을 만들어준다. 넓어진 마음 덕분에 사랑이 훨씬 쉬워진다.

## 냉장고에는 고추, 서랍에는 물티슈

쓰꾸미

2015년 아랍에미리트에서 근무하다가 휴가를 보내러 한국으로 들어왔다. 오랜만에 아버지와 어머니를 찾아뵙고 인사를 드렸다. 아내, 아들 그리고 딸을 모두 데리고 부모님을 뵈러 갔다. 양주로 이사하신 부모님은 주변에 산이 있어 산책할 수 있는 공간이 마음에 든다며 좋아하셨다. 안방 하나, 서재로 쓰는 방 하나, 조그만 방 하나. 두 분이 사시기에 적당한 크기의 그 아파트를 사셨을 때, 어머니는 "이제는 아빠랑 둘이서만 살 거다. 별장처럼 여유롭게 살 거야."라고 말씀하셨다. 두 분이 좋아하시는 물건으로 집을 채웠다. 혼수품으로 가지고 싶었던 조그만 자개장이었다. 차를 마시며 쉴 수 있는 2인용 티 테이블도 들였다. 그 집에 어울리지 않는 물건이 딱 한 가지 있었다. 유치원에 다니고 있던 우리 아들과 옹알이하며 집안을 뛰어다니던 딸을 위한 물건이었다. 아들의 칼과 위인전. 딸의 인형과 색칠 공부 책. 아이들은 할아버지, 할머니 댁에 있는 장난감 갖고 놀 생각에 자주 양주로 가자고 졸라댔다.

그동안 가족들 근황을 들었다. 아들이 할아버지, 할머니 앞에서 '멋쟁이 토마토' 노래를 하고 수업 들었던 이야기를 조잘조잘 풀어낸다. 딸은 오빠를 따라 소리를 지르며 뛰어다녔다. 아내는 딸을 붙잡으러 다니기에 바빴고, 나는 아들이 귀여워 부모님과 함께 한없이 행복했다. 아이들 재롱을 보다가 식사 시간이 되어 가길래 외식하기로 했다.

"너 돼지국밥 먹어봤냐?"

전라도가 고향인 아버지와 어머니가 돼지국밥 같은 경상도 음식 먹고 싶어 하실지 몰랐다. 추억이 있는 메뉴였다. 아버지가 2012년도 항암 치료를 진행하면서 병원에 입원해 계실 때였다. 아버지는 치료할 땐 잘 먹어야 버틴다며 병원 앞 국밥집을 자주 찾았다. 24시간, 쉬는 날 없이 장사하는 국밥집 부부를 좋게 보셨던 아버지는 그때부터 단골손님이 되었다. 국밥집 부부는 병원 앞 임대료를 감당하기 힘들어 가게를 이전했다. 3개월이 지나고, 식당을 다시 열었다는 소식을 들었다고 하셨다. 아버지와 어머니는 새롭게 단장한 식당으로 가보자고 하셨다.

국밥집 사장과 어떤 인연이 있길래 이렇게 단골이 되어 새로운 가게까지 찾아가는 사이가 되었는지 궁금했다.

부모님을 모시고 아파트 앞 칼국수 집으로 가고 싶었다. 아파트로 이사 후, 주변을 산책하고 점심을 먹으러 잠시 방문했던 곳이었다. 우연인지 아닌지 부모님이 갈 때마다 칼국수 식당이 한산했다. 그런데도 쉬지 않고 부지런히 홀과 주방을 정리하는 칼국수 집 사장 부부를 보며, 부모님은 두 분이 젊었을 때 고생하던 모습과 겹쳐 보였다고 하셨다. 유난히 손님이 없는 칼국수 집 사장 부부에게 부모님은 조심스레 새로운 메뉴를 추가해 보는 게 어떻겠냐고 제안하셨다. 그날 점심 장사를 잠시 접고 칼국수 부부와 함께 아버지 친구 식당으로 갔다. 칼국수 부부는 낙지볶음 레시피를 배워 와 주메뉴를 늘렸다. 그 후로 매운 낙지 덮밥 메뉴와 시원한 해물 칼국수로 한산하던 식당이 손님이 보이기 시작했다. 북적이는 시간을 피해 칼국수 집에서 밥을 먹으면서 사장님과 일상 이야기를 나누다 보면 기분이 좋았다. 늘 한결같은 손님맞이와 맛을 유지하는 태도에 배울 점이 많았다. 손님이 많아져도 주방에서는 아내가, 홀에서는 남편이 묵묵히 해나가는 모습. 닮고 싶었다. 맛있게 먹는 식사뿐만 아니라 성실하게 살면 좋은 결과를 얻을 수 있다는 것을 배울 수 있어서 일상에 좋은 자극이 되었다.

어머니는 내가 좋아하는 칼국수만큼 맛있는 돼지국밥집이니 잠자코 따라오라며 우리를 데리고 가셨다.

아버지는 의정부 민락동 근처에 가서 국밥집 사장에게 전화하셨다.

"양주 할아버지인데요."

사장님은 수많은 양주 할아버지 중에 아버지를 바로 알아듣는 느낌이었다. 피식 웃었다. 핸드폰 넘어 들리는 대화에서 가게가 어디에 있는지 파악했다. 내비게이션에 목적지를 수정했고, 국밥집에 도착했다. 점심으로 국밥을 먹었다. '특'으로 시켜서 먹었다. 사장님은 내 아들 우찬이에게 무엇을 좋아하냐고 물었다. 아들은 해맑게 국수라고 대답했다. 그리고 사장님의 배려로 우리 아들은 메뉴판 어디에도 없는 소면이 포함된 국밥을 먹게 되었다. 식사를 마치고 감사한 마음으로 결제했다. 홀에 손님이 있는데도, 인사를 하기 위해서 주방에서 나와서 웃음과 함께 인사를 해 주신다. 따뜻한 기분을 안고 양주집으로 돌아왔다.

집으로 돌아와서 어머니가 주머니에서 휴지로 감싼 것을 나에게 주며, 냉장고 야채칸에 넣으라고 하셨다. 꾸깃꾸깃한 휴지를 열어서 확인하니, 돼지국밥을 먹으면서 나왔던 청양고추였다. 국밥 한 그릇에 하나씩 나온 청양고추였다. 매운 음식을 못 먹는 나는 청양고추를 확인하고, 손도 대지 않았다. 어머니는 남은 청양고추를 냅킨에 싸서 집으로 가져오신 것이다. 냉장고를 열어 야채칸에 넣으려고 하니, 비슷한 휴지들이 보였다. 어머니께 물었다. 야채칸에 싸여져 있던 고추는 근처에 있는 나주곰탕 집에서 준 고추라고 답했다. 하고 싶은 말이 많았다. 휴가 때에 부모님과 얼굴을 붉히기 싫어 돼지국밥집 고추를 냉장고 야채칸에 넣고 냉장고 문을 닫았다.

2025년 3월 31일. 베트남에서 한국으로 돌아왔다. 2024년 11월부터 출장이었으니, 대략 5개월 정도 아내 혼자 고등학교 1학년 아들과 초등학교 5학년 딸을 돌봤다. 아내에게 고마움을 표현하고 싶었다. 4월 1일부터 8일까지 연차를 사용했다. 머리도 자르고, 회사 다닐 때 사용할 가방도 하나 샀다. 티와 바지도 필요해 백화점을 돌아다니다 보니 배고팠다. 점심으로 맛있는 메뉴를 먹고 싶었다. 선택한 곳은 애슐리 퀸즈라는 뷔페 레스토랑이었다. 3월 초에 있었던 아내 생일을 제대로 축하해 주지 못한 기억이 났다. 혼자 아이를 돌보느라 쉬지 못했을 아내에게 미안한 마음이 들었다. 아이들 없이 오랜만에 단둘이 데이트하는 기분으로 레스토랑을 향했다.

애슐리 퀸즈 입장까지 대기가 30팀이 있었다. 예약을 걸어놓고, 백화점 1층에 있는 서점에 갔다. 신학기를 맞이해서 아들과 딸을 위한 문제집도 골랐다. 재테크 분야에서 읽을 만한 책도 골랐다. 미국 ETF 관련 투자, 미국 고배당주 책이 눈에 들어왔다. 우리가 투자하는 사항과 비교도 해 보고, 앞으로 어떻게 하는 것이 맞는지 아내와 이야기 나누었다. 이제 입장하라는 카톡을 확인하고 애슐리 퀸즈로 돌아갔다. 샐러드부터 초밥과 롤, 멍게 비빔밥과 평소 집에서 먹기 힘든 메뉴의 음식을 배불리 먹었다. 둘만 있으니 결혼 전 데이트하던 기분이 났다. 디저트와 커피로 마무리하고 음식점을 나왔다.

집으로 돌아와서 점퍼를 벗으려고 주머니를 확인하다가 음식점에서 아내를 위해서 가져왔던 물티슈를 발견했다. 아내도 내 물티슈를 챙겨 주었다. 물티슈 2개를 주머니에 넣어서 가져왔다. 가져온 물티슈를 그냥 버리기에는 아까워 주방 서랍 한곳에 모아두었다. 노트북 얼룩이 생겼을 때, 현관 바닥이 지저분해졌을 때 닦기 위해 잘 보관해 두었다. 서랍에는 크기도 모양도 다른 5개의 물티슈가 이미 들어 있었다.

글쓰기 전에는 내 행동만 옳다고만 생각한 적이 대부분이었다. 글쓰기 후에는 내 행동에 대해서 관찰하는 안목 생겼다. 책 읽고 쓰면서 내 행동을 다시 살펴보게 한다. 주변 사람의 행동도 그 사람의 시선으로 다시 살핀다. 이런 눈을 가지게 되어 다행이고 감사하다.

어머니와 얼굴을 붉히던 것 중 하나는 버리는 문제였다. 버림의 미학. 버리고 비워야 일상에서 필요한 부분을 다시 채우는 것이 가능하다. 어머니는 경찰관 아버지의 넉넉지 않은 월급으로 1남 6녀를 길러야 했다. 그래서 쌀에 싼 보리를 섞여 밥을 지어 먹이셨다. 버스 두 정거장 거리는 걸어 다니는 것이 일상이었다. 그렇게 조금씩 모인 돈으로 누나나 내가 필요한 타자기, 문제집, 참고서, 컴퓨터를 사 주셨다. 어머니의 절약 덕분에 학생 때, 학교 준비물 부족한 적이 없었다. 어렸을 때부터 봐왔던 절약의 일상이 나에게 이어져 물티슈를 모으고 있다. 그 물티슈가 사랑의 다른 이름이라는 것을, 나는 안다.

## 내가 문제다

안지언

　탈출구를 찾았다고 해서 삶이 단번에 바뀐 건 아니었다. 변화에는 감정 소모가 따랐다. 무료로 진행하는 모든 강의를 찾아 들었다. 코로나19로 강의가 비대면으로 전환되었다. 사무실에서 몰래 강의 들었다. 듣는 것만으로는 뭔가를 이룰 수 없었지만, 듣다 보면 깨달아지는 순간이 올 거라는 희망을 품었다. 한 귀로 듣고 한 귀로 흘려도 한 가지는 남겠지. 믿음으로 강의를 신청했다. 입맛 따라 고를 수 있었다. 부모 교육, 외국어 공부, 심리 수업까지. 마음만 먹으면 못 할 게 없는 세상에 눈을 떴다. 그중에서도 유독 부모 교육 강의에 관심이 갔다. 대부분 강의 시간이 오전이었다. 사무실 업무시간과 겹쳤다. 상사 몰래 들었다. 녹화본이 없는 강의였다. 놓치고 싶지 않았다. 이어폰 너머로 나의 부족함을 마주하기 시작했다. 독서가 중요하다는 걸 알았지만 시간이 없었다. 귀로 듣는 수업을 선택했다. 출·퇴근할 때, 설거지할 때, 아이 재우고 나서 조용한 밤 틈틈이. 무언가를 따라 달리고 쫓기는 상황에서도 내 안의 용기를 찾아다녔다.

토요일 저녁 6시. 부모 교육 수업이 있었다. 편도 한 시간 거리. 망설였다. '수업 듣는다고 내가 바뀔까?' 몇 번이고 주저앉았다. 여동생도 남편도 엄마도 뭣 하러 그 먼 곳에 가냐고 말렸다. 심지 없는 양초처럼 흔들리는 마음을 부여잡고 싶었다. 남편만 보면 화, 짜증, 분노, 질타가 쏟아졌다. 여파는 고스란히 아이에게까지 튀었다. 분명 나한테도 잘못이 있었다. 방법을 몰랐다. 직장 동료가 수업을 권했다. 동료에게서 검증된 수업이라 신뢰가 갔다. 대학교 졸업 이후 처음으로 오랜 시간 자리에 앉아 수업을 들어야 했다. 허리, 어깨 아프지 않은 데 없었다. 3개월 동안 매주 반복되는 수업이 막막하기만 했다. 이론 수업이 아니었기 때문이다. 생판 모르는 사람들과 마음속 이야기를 쏟아내는 연습 시간도 가졌다. 모르는 사람 이야기 들으며 생각이 정리되었다.

남편과 아이에게 평소 어떤 말투, 어떤 표정으로 대했는지 떠올랐다. 감정이 시키는 대로 소리를 지르고 욕까지 했다. 그런 날은 체력이 바닥날 정도로 지쳤다. 화를 내는 내 모습이 제정신이 아닌 것 같았고, 모르는 사람이 봤다면 미쳤다고 생각했을 것이다. 내가 먼저 화난 말투로 말을 걸고 남편이 똑같이 받아치면 야속해서 한 톤 더 높였다. 참고 참다가 폭발하면 남편은 내게 분노 조절 장애라 했다. 어쩜 맞는지도 몰랐다. 집안 모든 일을 책임져야 한다는 부담감이 속병을 키웠다. 조곤조곤 앉아서 대화하는 법을 서로 몰랐다.

부모 교육 숙제가 남편 좋은 점과 나쁜 점 파악하기였다. 나쁜 점부터 적었다. 좋은 점도 억지로 짜내어 나열했다. 쓰고 보니 생각보다 괜찮은 남편이었네 싶었다. 문장으로 적으니깐 보였다. 보이지 않던 면모들이 있었다. 남편에게 건넸다. 읽지 않고 식탁 위에 올려졌다. 한 번 읽어봐. 무슨 내용인 건지 묻지도 않았다. 훅 올라왔다. 언젠가 읽겠지. 그날도 수업을 듣고 돌아왔다. 현관문을 열고 들어가는 순간 익숙한 그림이 기다리고 있었다. 싱크대 안 설거지 안 된 그릇, 라면 국물 남은 냄비, 바닥에는 돌돌 말린 양말, 벗다 만 옷, 거실 한편에 한쪽 팔이 뒤집힌 채 널브러져 있었다. '내가 누구 때문에' 순간 터졌다. 남편에게 퍼부었다. '백날 공부해 봐라. 그 성격 어디 가냐고?' 가슴을 후벼팠다. 응원은 바라지도 않았다. 흉내라도 도와주는 척이라도 해주길 바랐다. 남편 무관심과 이기심에 그날은 아무것도 눈에 들어오지 않았다. 그 자리에서 털썩 주저앉아 울었다. 아이가 조용히 옆에 오더니 휴지 한 장을 건넨다. 너밖에 없다. 고마워!

남편이 아닌 내가 문제라는 점에 초점을 두었다. 초점은 생각일 뿐이었다. 돌아서면 금세 평정심을 잃었고 분노하는 마음이 따라왔다. 바뀔 수 있다는 희망은 있었다. 생각만으로 위안이 되었다. 행동으로 옮길 때는 애교 섞인 말투까지 꺼내 보였다. 출근 준비, 아침밥 챙기기, 저녁에 돌리지 못한 빨래 세탁기에 꺼내 건조대 널 때도 내 일이다 싶었다. 남편을 바라보지 않으려 애썼다. 소파에 편안하게 앉아 신문을 넘기는 모습 입 대지 말자. 그게 편안했다. 수업 듣기 전 같았으면 '이 집 식모냐고. 당신은 내가 아침에 눈썹 휘날리는 게 안 보이냐고.' 고래고래 소리를 질렀을 것이다. 이제는 나긋나긋하게. '나 힘든데 아침 시간 같이 도와줘요.' 이 여자가 갑자기 왜 이러지 어이없는 표정을 지었다. 격한 감정이 지나가자 미안하고 경솔하고 후회만이 남았다. 말로 표현할 수 없는 지루하고도 무거운 감정들뿐이었다.

듣는 위주의 강의를 들으며 독서에 관심이 생겼다. 독서와는 담을 쌓고 살았다. 어떤 책을 읽어야 할지 몰랐다. 책 선정에서부터 막막했다. 당장 시급한 문제는 무엇일까? 아이였다. 아이 감정 돌보는 방법, 독서법, 공부 방법에 대한 자료를 찾았다. 아이를 위한 공부가 나를 찾는 밑그림이 되었다. 무언가를 궁금해하는 마음을 해결하기 위해서 책을 읽어야 했다. 주말이면 도서관 나들이, 블로그에 독서 서평을 남기며 생각을 하나씩 정리하기 시작했다. 커피 한잔엔 아낌없이 돈을 쓰면서도 책 한 권 사는 데 손이 떨렸다. 텍스트가 눈에 들어오지 않았다. 완독에만 집착했다. 읽고 나면 아무것도 기억나지 않았다. 어휘력도 부족했고 문장력도 자신 없었다. 혼자서 책을 읽는 힘도 약했다. 누군가의 도움이 필요했다.

결혼 전 TV 통해 김미경 강사를 본 적이 있었다. 그분이 만든 MKYU 사이버 대학에 입학하게 됐다. 나만의 콘텐츠라는 말이 마음에 와닿으면서 인생의 방향을 찾기 위해 독서를 시작했다. 독서 모임에 가입하면서 생각 그릇이 커졌다. 처음에는 리더의 지시에 따라 앞만 보고 갔다.

오십에 새벽같이 일어나 뭐 하냐며, 학교 다닐 때 그렇게만 열심히 했어도 서울대는 갔을 거라는 핀잔을 들었다. 남들이 던지는 말 한마디도 그냥 웃어넘기지 못해, 마음 한쪽이 푹 꺼질 만큼 상처를 받곤 했다. 흔들렸다가도 다시 제자리를 찾았다. 조금씩 꾸준히 무언가를 해내는 힘 속에서 삶에 방향이 잡히기 시작했다. 속도가 느려 답답했던 독서도 느림의 즐거움을 알게 되었다. 나를 마주할 수 있었다. 돌부리에 걸려 넘어질 듯한 아슬

함이 남아 있지만 내 모습을 찾고 나니 비로소 가족이 보이기 시작했다.

# 성장을 향한 한 걸음

## 이연화

2002년 한일 월드컵 대회가 열리던 때였다. 남편과 대한민국 대표팀을 응원하는데 태동이 느껴졌다. 아이가 발로 배를 찼다. 우리와 함께 경기를 즐기는 것 같았다.

"사랑아! 안녕.
엄마를 통해 사랑이도 기쁨을 느끼고 있겠지. 활발하게 움직이는 걸 보니 사랑이가 씩씩하고 축구를 좋아하는 것 같은데. 건강하게 자라서 엄마, 아빠랑 반갑게 만나자. 사랑한다. 우리 사랑이."

아이와의 만남에서 변화가 시작됐다. 내가 만들어 갈 미래를 위한 첫걸음이었다. 아이와 함께하는 시간은 나의 성장과 가족의 소중함을 깨닫는 시간이었다. 태교 일기를 쓰며, 아이에게 사랑하는 마음을 전했다. 사랑은 내 안에 싹을 틔우며 나 또한 중요한 존재라는 것을 인식시켜 주었다. 아이를 위한 마음으로 시작했던 태교 일기는 나를 위한 시간이기도 했다. 아이의 태동을 느끼며, 상황을 기록하는 것이 일상이 되었다. 아이가 자라나는 동안 나도 조금씩 성장해 갔다.

임신을 계기로 남편과의 관계도 달라졌다. 아기를 통해 서로의 마음을 알아 갈 수 있었다. 시댁 식구들과의 사이에서 힘들어하고 있을 때, 남편은 내가 겪고 있는 고통을 외면하는 것 같았다고 오해했었다. 내가 원하는 것은 나의 고통을 알아달라는 것이 아닌 남편과의 소통이었다. 힘들 때 내 옆에 있어 주고, 남편이 힘들 때 위로를 해줄 수 있는 아내가 되고 싶었다. 나와의 대화를 피하던 남편에게서 작은 변화가 감지되었다.

시어머니가 며칠 집을 비우셨을 때였다. 매일 자정이 되어야 들어오던 남편이 저녁 7시도 안 되어 집에 들어왔다. 무슨 일이 생겼냐며 물어보려는데 슬며시 초콜릿 한 통을 건넸다. 내가 가장 좋아하는 '크런키초콜릿'이었다. 요즘 피곤해 보여서 사 왔다며 쑥스러워하는 남편에게 초콜릿 하나를 입에 넣어주었다. 남편은 거실에 앉아서 편하게 먹으라며 내 품에서 아이를 받아 안

앉다. 나는 못 이기는 척 앉아 달콤하고 바삭한 초콜릿을 입에 넣었다. 초콜릿이 입안에서 부드럽게 녹아내렸다. 힘들었을 텐데 저녁을 시켜 먹자며 치킨과 맥주도 주문했다. 조금이라도 편하게 있을 수 있도록 배려해 주는 남편을 보며 생각했다. 신혼이 이런 거구나! 남편이 싫지 않았다. 어깨도 주물러주며 하루를 어떻게 보냈는지 물었다. 연애 시절 커피숍에서 대화를 나누듯 설레고 행복했다. 시댁 식구들의 눈치를 보며 힘들어하는 남편 상황도 이해가 되었다. 남편과의 관계 개선은 시댁과의 갈등에도 해결의 실마리가 되어 주었다. 부부란 서로의 부족한 부분을 채워주며 행복한 가정을 꾸리기 위해 노력해야 한다는 걸 알게 되었다.

태교를 위해 서점을 자주 찾았었다. 하지만 보증금을 모으기 위해 책 사는 것을 줄이고, 도서관을 이용하기로 했다. 30분 거리에 도서관이 있었다. 운동 삼아 다녀오면 좋을 것 같아 회원 등록을 했다. 날씨가 좋은 날은 공원을 돌고 산책도 하며 마음을 안정시켰다. 비가 오거나 흐린 날이면 도서관에서 책을 읽었다. 그 당시 출판사에서 근무 하던 친구가 책을 선물로 보내주었다. 공지영 작가의 《무소의 뿔처럼 혼자서 가라》였다. 책을 읽으며 내가 주인공이 된 듯한 기분이 들었다. 대학 졸업과 동시에 결혼하고 아이를 낳았지만 불의의 사고로 아이를 잃고 이혼한 채 소설가의 삶을 살고 있는 혜완, 아나운서 활동 중 의사와 결혼했으나 남편의 외도로 형식적인 부부 생활을 유지하고 있는 경혜, 세간의 주목을 받는 영화감독의 아내이지만 알코올 중독으로 자살 시도라는 극단적인 선택을 하는 영선의 삶을 담은 소설이었다. 책은 내가 딸이자 아내로 엄마로 어떻게 살아가야 하는가 고민하게 했다. 나도 무소의 뿔처럼 강인해져야 함을 깨닫게 해주었다. 아이가 자라면서 부모도 함께 성장한다는 것을 알았다. 그와 함께 나 자신에 대해서도 알아갔다.

아이와 함께하는 시간은 새로운 에너지가 되었다. 내 안에서 울려 퍼지는 태동, 작은 움직임들이 희망과 용기를 주며 행복하게 했다. 나를 돌보지 않았던 시절과는 달리 몸과 마음을 돌보며 지냈다. 아이에게도 최선의 환경을 만들어 갔다. 열 달의 여정은 단순히 아이를 기다리는 시간이 아니었다. 나 자신을 돌아보고, 내가 어떤 사람인지, 어떻게 살아가야 할지를 돌아보는 중요한 과정이었다. 아이와 함께 성장하며 천천히 나를 찾아갔다.

'진정한 변화는 나 자신을 돌아보는 것에서부터 시작된다.'

나는 삶에서 변화가 찾아올 때, 두려워하거나 회피하려 했다. 하지만 아이와 함께 열 달의 시간을 보내면서 변화할 수 있었다. 자신을 믿고, 작은 변화를 만들어 가는 것이 중요하다. 우리는 살아가면서 강해지는 법을 배운다. 변화의 씨앗은 바로 '내 안'에 있다.

# 혼자가 아니었다

## 정일인

조직검사를 받았다. 결과를 기다리는 동안에 평소처럼 지냈다. 암에 걸리면 체중이 준다는데, 체중이 늘었다. 괜찮겠지, 그런 생각으로 마음을 달랬다. 걱정되는 마음은 하루에도 몇 번씩 오르락내리락 했다. "괜찮을 거야, 난 운이 좋으니까."라고 스스로 위로하다가도, "혹시 암이면 어떡하지?" 주저앉는 순간도 있었다. 병원도 약도 멀리했는데, 아픈 날도 없었는데. 걱정이 앞섰다. 어떤 날은 맥없이 기운이 빠져서, 몸이 축 늘어졌다.

병원 복도를 걸을 때까지만 해도 별일 아닐 거라 믿었다. 진료실 문이 열리고, 의사는 짧게 말했다. "암입니다. 큰 병원으로 가보세요." 고개만 끄덕였다. "암이구나." 혼잣말로 내뱉었다.

진료실 문을 닫고 나와 수납 창구 앞에 섰다. 간호사는 침착하게 대학병원에 가지고 갈 서류가 무엇인지를 설명해 주었다. 귀에 들어오지 않았다. 얼빠진 나의 모습을 본 간호사는 "제가 메모해 드릴게요. 조직 검사지와 초음파 영상 시디는 들고 가시고 블록은 일주일 뒤에 오셔서 가져가셔야 합니다." 말과 동시에 메모를 건네주었다. 고맙다는 말을 하지 못하고, 눈을 맞추고 가만히 있었다. 엘리베이터 앞에 멈춰 섰다. 심장이 크게 울렸다. 가슴 한가운데가 찡하고 아팠다. 눈물이 뺨을 타고 흘러내렸다. 닦아도 멈추지 않았다. 손수건도 없어서 소매로 눈가를 훔쳤다. 왜 이런 일이 나한테 생겼을까. 억울했고 서러웠고 화가 났다.

집 문을 열고 들어섰을 때 현관에 서 있는 엄마 얼굴을 보니 숨기지 못한 긴장감이 역력했다. 애타는 눈빛으로 내 얼굴 구석구석을 살피던 엄마가 물었다. 결과, 어때? 퉁퉁 부어 있는 눈가 상태를 고스란히 말해 주고 있었지만 애써 태연한 척 입을 열었다. "나 암이래." 그 짧은 문장이 기대를 무너뜨렸다. 아무런 말도 잇지 못했다. 그저 억장이 무너지는 듯 나를 품에 안고 흐느꼈다. "우리 딸 어쩌니." 목소리에는 깊은 절망이 배어 나왔다. 내 어깨를 감싸 안은 엄마의 손은 떨리고 있었다. 연신 미안하다 미안하다는 말을 되뇌며 속절없이 눈물을 쏟아냈다. 내가 더 소리 내어 울고 싶었다. 엄마의 슬픔 앞에서, 내 슬픔을 터뜨릴 수 없었다.

　방으로 들어와서야 눈물이 소리 없이 쏟아졌다. 베개를 적시며 실감 나지 않는 현실을 바라봤다. 크게 소리쳐서 울고 싶었다. 방안을 헤집으면서 발광도 해 보고 싶었지만 불과 몇 분 뒤 다시 이성적으로 변했다. 노트북을 켰다. 유방암 카페에 가입하고 정보를 찾았다. 유방암이 어떤 병인지 앞으로 무엇을 챙겨야 할지 검색했다. 카페 글에는 치료 중인 사람들, 처음 가입해서 질문하는 사람들, 치료가 끝나 건강하게 살고 있다는 사람들 등 다양했다. 병원 예약이 급선무였다, 서울대, 부산대, 양산대 병원 예약을 했다. 주변에 아픈 사람들이 없었다. 암은 TV에 나오는 드라마 같은 이야기였다. 유방암도 다양했다. 영어로 되어 있는 조직 검사지를 번역했다. 삼중음성 염증성 유방암 암중에 제일 독한 암이었다. 삼중음성은 항암제도 많이 없다. 젊은 사람들한테 많이 걸린다고 했다. 10센티미터 암 크기였다. 머릿속은 복잡했다. 처음 겪는 경험치고는 나를 이성적으로 만들었다.

　피를 뽑고 CT, MRI를 찍었다. 조영제가 들어갈 때 화가 났다. 약 먹는 것도 싫어했는데. 유방 엑스레이, 초음파, 뼈 검사를 했다. 병원 갈 때마다 엄마와 동행했다. 병원이 넓고 복잡해서 미리 동선도 다 외웠다. 조금이나마 편안하게 해주고 싶었다. 엄마는 긴장한 얼굴이었다. 딸을 지켜내겠다는 강한 의지가 보였다. "걱정하지 마, 다 지켜 줄 거야. 마음 단단히 먹고 긍정적으로 치료해 보자."

항암 전날 밤, 뒤척이며 잠을 이루지 못했다. 핸드폰을 들여다보다가 카페 글을 읽었다. 하늘나라로 간 이들의 이야기가 불안하게 만들었다. 처음으로 죽음과 직면했다. 눈꺼풀이 떨리고, 손끝이 저렸다. 세포 하나하나가 긴장했다. 급히 화장실로 달려가 토했다. 한 번, 두 번. 몸이 진정되지 않았다. 두려움은 물밀듯 밀려왔다. 내 몸에 떨리는 진동을 느끼면서 지쳤다. 죽음이 내 앞에 있다고 생각하니까 여러 생각들이 오갔다. 어떻게 살아갈까, 생각은 많이 했지만, 어떻게 죽을 것인가에 대해서는 준비가 되어 있지 못했다. 살아야 할 이유가 더 많은 나였다.

한숨도 자지 못한 채 항암 당일을 맞았다. 병원 항암 대기실에 앉아 있었다. 병상이 50개 이상 있다. 암 환자들은 병상에 누워 항암 약을 투약받고 있었다. 이름을 부를 때 심장이 두근거렸다. 병상에 누워 빨간색으로 되어 있는 항암 약을 걸어 놓았다. 독성 항암제다. 정상세포, 비 정상세포까지 죽인다고 했다. 영양사 선생님이 부작용을 설명했다. 건강한 식단을 설명해 주었다. 항암 약이 혈관을 통해 들어왔다. 현실을 받아들였다. 항암 맞을 동안 깊은 잠을 잤다. 항암 약이 독해 속이 뒤집혔고, 잠에서 깨니 구토가 나왔다. 엄마는 안쓰러운 눈빛으로 나를 돌보았다.

6개월 동안 항암을 버텼다. 몸은 지쳐갔지만, 정신은 맑아졌다. 미각을 잃어 타이어 먹는 맛이 났다. 먹고 구토를 반복했다. 걷기 운동을 했다. 체력도 쌓았다. 긍정적인 생활로 활기는 넘쳤다. 머리는 다 빠져서 메추리알 같다. 가발은 쓰지 않았다. 있는 그대로 나를 받아들였다. 모자도 답답해 민머리로 식당가서 밥도 먹었다. 암 환자라고 움츠러들지도 숨기지도 않았다. 당당하게 다녔다. 아픈 건 죄가 아니니까. 나쁜 습관들을 조금씩 고치고 몸에 좋은 음식들로 채우고 기분 좋은 시간을 보냈다. 마지막 항암을 마쳤다. 검사에서 교수님은 웃으며 말했다. "결과 아주 좋아요." 암이 사라졌다. 못 할 일이 없었다. 수술과 방사선 치료까지 마치고, 1년 표준치료를 끝냈다.

엄마는 일흔다섯이었다. 얼굴에는 주름이 늘었다. 체중은 5킬로나 빠졌고, 손등에는 가느다란 혈관이 선명했다. 가만히 있어도 힘든 나이에, 시장을 몇 번이나 오갔고 유튜브를 보며 건강식을 차려냈다. 손이 닳도록 집 안을 정리하고, 매 끼니를 정성으로 준비했다. 처음으로 알았다. 나도 혼자가 아니었다는 걸. 기댈 수 없는 줄 알았던 세상에, 기대어 숨 쉴 곳이 있었다는 걸. 미안한 마음에 울컥했다.

엄마가 시집살이에 지쳤을 거라 생각한 것도, 집안 형편이 어려울 거라고 여긴 것도 나만의 착각이었다. 그동안 부담감을 가지고 살았다. 불안하지 않아도 되는 거였는데. 가족은 언제나 옆에 있었다, 혼자만의 생각으로 가족을 마음에서 밀어냈다. 암 치료 기간을 거치며 그동안 가졌던 마음속 오류를 하나하나 바닷물에 흘려보냈다. 혼자서 세상을 버텨야 한다고, 기대면 안 된다고 다짐했던 시간을 흘려보냈다. 마음이 한결 편안해졌다. 암을 통해 달라졌다. 내 몸 구석구석 다 소중했다. 바닷가로 향했다. 구름이 낮게 깔린 하늘 아래, 파도가 부드럽게 모래를 덮었다. 바닷물에 발을 담그고 천천히 걸었다. 파도가 발목을 감쌌다. 걸음을 멈추고 눈을 감았다.

생과 사가 만나는 곳, 병원에는 수많은 사람이 오간다. 웃는 얼굴도, 굳은 얼굴도, 아무 표정 없는 얼굴도 있다. 그 안에 흐르는 긴장감은 누구에게나 조금씩 묻어 있다. 아무리 애써도, 저마다의 걱정과 두려움을 완전히 덜어내기는 어려울 것이다. 가끔은 밖으로 나와 바람을 쐬며, 내 마음에도 작은 쉼표 하나를 선물한다.

# 나를 다듬는 엄마 노트

## 황은미

　내가 가진 큰 장점은 자신감이다. 무슨 일이든 해보기 전까지는 '못할 것'이라는 생각하지 않는다. 누군가는 그것을 무모하다고 생각할지도 모른다. 하지만 그 무모함 덕분에 지금의 내가 있다. 망설이기보다 시도하는 쪽이 더 성장하게 했고, 결과보다 용기가 더 단단하게 만들었다.

　정신없이 일을 마치고 점심시간. 지친 마음 때문이었을까. 인스타그램 광고 피드에 올라온 반지가 유난히 예뻐 보였다. 반지 두 개를 주문했다. 하나는 핑크 큐빅이 반짝이는 은반지였고, 다른 하나는 진주가 한 알 박혀 있는 여성스러운 디자인의 반지였다. 충동적이지만 소심한 작은 소비. 나를 위한 나만을 위한 선물. 결제 버튼을 누르며 생각했다. 이렇게라도 나를 챙기자.

마음이 가라앉는 날이거나 힘든 날에는 작더라도 나를 위한다. 헤어스타일을 바꿔보거나, 장바구니에 담아뒀던 옷을 결제하거나, 귀걸이나 반지 같은 액세서리를 꺼내 착용해 본다. 소소한 변화가 생각보다 기분을 바꿔줬다. 스스로 아끼고 돌보는 일이야말로 우리가 살아가는 데 필요한 것이다.

나의 중심에는 늘 부모님이 계셨다. 어릴 때부터 하고 싶은 게 많은 아이였다. 부모님은 내가 뭘 하든 잘할 거라고 믿어주셨다. 믿음 덕분에 가능성을 의심하지 않는다. 아낌없는 지원과 지지 속에서 큰 어려움 없이 자라왔다. 그런데도 마흔이 넘은 딸에게 아직도 "못 해줘서 미안해."라고 말씀하신다. 최근에는 박사 학비를 보태주고 싶다고 하셨다. 서른까지 공부하느라 도움을 받았다. 또 받아 가면 죄송스러워 아니라고 괜찮다고 했다. 예전에는 느끼지 못했다. 지금은 그 말들 속엔 부모님의 사랑, 믿음, 그리고 오래 묻어둔 미안함이 함께 담겨 있음을 너무 잘 안다.

사회 초년생 첫 직장을 다닐 때쯤인 것 같다. 엄마가 "너는 청개구리 성격이라 공부하라고 다그치면 더 안 할까 봐 일부러 안 했어. 때 되면 알아서 할 거라 믿었어." 그땐 "우리 엄마, 날 잘 아시네." 하고 웃었지만, 시간이 지나고 나서야 그 말이 어떤 의미였는지 마음 깊이 와닿았다. 엄마는 공부하라는 말 대신 조용히 믿고 기다리셨다. 아빠도 내가 뭔가 해보겠다고 하면 "그래, 잘할 거야. 해 봐." 하고 응원해 주셨고, 결과가 기대만큼 되지 않아도 "다음에 또 하면 돼." 하며 다독여 주셨다. 조용한 응원이 내 안에 '나는 할 수 있는 사람'이라는 믿음을 만들었다. 지금 내가 좋아하는 일을 망설이지 않고 시도할 수 있는 것도, 삶을 주도적으로 끌고 가려는 마음가짐도 오래전부터 부모님이 내 안에 심어준 방식이었다. 나는 그렇게 시키지 않아도 알아서 하는 사람이 되었다. 부모님의 신뢰를 저버리고 싶지 않았다. 자랑스러워하는 모습을 보는 것이 좋았다. 자신감이나 스스로에게 기대를 걸 수 있는 힘은 그냥 생긴 게 아니었다. 부모님이 믿고 기다렸기에 만들어진 습관이었다. 지금도 무언가에 도전할 때 망설이지 않는다. 그런데 엄마로서의 지금 내 모습을 돌아봤다. 좋은 엄마로의 도전은 뒷전으로 미루고 있는 이유는 무엇일까. 부모님은 재촉하지 않았고 기다렸는데 나는 재촉하고 기다리는 것을 힘들어한다. 빨리빨리 하라고 짜증을 냈다. 어디서부터 어떻게 해야 부족한 인내심을 채울 수 있을까. 감정 일기를 적었던 것을 떠올렸다. 엄마로서의 반성과 다짐을 위해 '나를 다듬는 엄마 노트'를 적기로 했다.

부족한 점을 돌아봤다. 아침에 했던 행동들에 절로 고개가 숙

여겼다. 태이가 6시에 일어나 엄마를 불렀다. 남편을 깨우며 "나 어제 공부하다가 늦게 잤어. 너무 졸려." 하며 남편에게 태이를 맡기고 눈을 감았다. 7시쯤 지한이가 일어났다. "지한아, 태이랑 놀고 있어 엄마 조금 더 자고 일어날게." 말하고 다시 눈을 감았다. 8시쯤 남편은 태이를 데리고 어린이집으로, 회사로 출근했다. 태이와 남편이 나가고 난 뒤에 일어나 출근 준비를 했다. 중간중간 계속 깼으면서 더 잔다고 아이들을 방치하고 잠을 선택했다. 태이에게 잘 다녀오라고 인사라도 할걸. 후회하며 엄마로서의 잘못을 반성하는 내용을 적었다. 노트를 쓸 생각을 하지 않았다면 반성도 없었겠다는 생각이 들었다. 아이들에게 미안하고 부끄러웠다. 이렇게 되돌아보는 시간이 감사하다. 아이들을 생각하며 발전하는 엄마가 된 것 같았다. 엄마 노트 첫날 반성할 행동을 적었다. 앞으로 개선할 점을 적고 보니 간단했다. 아이를 불편하게 한 행동을 하지 않으면 되었다. 아침에 피곤해도 일어나 웃는 얼굴로 잘 다녀오라고 하면 되었다. 간단한 행동을 하지 않고 아이를 보냈다는 것에 또 반성하게 되었다. 작은 행동을 수정했어도 그때 상황이 되면 다시 평상시처럼 돌아갈 수도 있다. 매일 하는 게 어렵다면 이틀에 한 번이라도 하자. 그러다 보면 조금씩 바뀌지 않을까. 긍정 회로를 돌려본다. 퇴근 후 집에 와서 태이를 보고 웃는 얼굴로 반갑게 맞이해야지 다짐했다.

태이를 데리고 엄마가 가꾸는 텃밭에 갔다. 6월 볕이 뜨거웠다. 텃밭은 시에서 운영하는 공원 안에 있다. 공원을 가로질러 밭에 도착해 물을 주고 잡초를 뽑았다. 태이는 개미가 무섭다고 안아달라고 했다. 힘들었지만 아이를 안고 30분을 걸었다. 둘이 있는 시간에는 최선을 다하고 싶었다. 땀에 옷이 다 젖고 팔이 후들거렸지만 힘들지 않았다.

아이에게 사랑과 안정감을 주는 것은 함께 한 시간의 양이 아니다. 함께 있는 동안 아이를 대하는 태도와 마음가짐이 더 중요하다. 일하는 엄마는 아이와 함께 있는 시간이 적다. 그래서 더욱 함께 있는 순간 사랑한다는 표현이 필요하다. 지금까지는 나만의 시간을 더 소중히 여겼다. 이제는 아이의 마음도 함께 품을 수 있는 엄마가 되고 싶다. 엄마 노트를 통해 반성하고 조금씩 변화를 시도한다. 오늘보다 더 나은 엄마를 보여주자.

# 혼자가 아니라, 함께 성장하는 삶

## 강혜진

 살다 보면 '변화'라는 말이 참 어렵게 느껴진다. 나 하나 바꾸는 것도 힘든 일인데, 가족까지 바꾼다고?

 가능하다고 하면, 누군가는 고개를 갸웃할지도 모른다. 그런데 정말이다. 내 변화를 시작으로 가족을 바꾼다. 내가 먼저 나를 보살피고 조율하니, 가족도 조금씩 변하기 시작했다. 나를 위한 공부가, 가족의 행복으로 이어지고 있다.

 자전거로 출퇴근한 지 2년이 지났다. 처음엔 걱정이 앞섰다. 차 없이 다닌다고 하는 내가 고지식하게 보이진 않을까? 나를 안쓰럽게 보진 않을까? 그땐 남의 시선을 많이 의식하며 살았다. 그러나 《미움받을 용기》를 읽고 생각이 달라졌다. 남의 눈을 의식하지 않는 순간, 내가 누릴 수 있는 게 정말 많다는 걸 알게 되었다.

차 없이 출퇴근하는 삶도 꽤 괜찮다. 첫째, 자전거는 건강에도 좋고 환경도 지킬 수 있다. 둘째, 버스에서는 책을 읽고 글도 쓸 수 있다. 창밖 풍경도 멋진 구경거리다. 셋째, 남편이 데리러 오는 날이면 여왕님처럼 대접받는 기분을 누릴 수 있다. 이 모든 게 가능해진 건, 독서를 통해 내 의식이 한 뼘 자란 덕분이다. 일상의 작고 소중한 것들을 감사히 느끼는 마음. 책이 준 선물이다.

2025년 3월, 7시까지 학교에 남아 업무를 처리한 적이 있었다. 날이 어둑해졌다며 남편이 딸과 함께 차를 타고 나를 데리러 왔다. 그런데, 남편이 차에서 내리더니 한 시간만 테니스를 치고 오겠다며, 딸이랑 데이트하고 오란다. 그렇게나 운동을 좋아하던 남편이 운동할 시간에 나를 데리러 온 것만으로도 감사할 일이었다. 그러다 문득 신학기라 정신없이 지내는 나를 알아본 남편의 배려일지도 모른다는 생각이 들었다. 딸과 좋은 시간을 보내 보라는 배려.

오랜만의 딸과의 대화는 즐거웠다. 교실에서 누가 누구와 커플이 되었다는 소문, 친구를 통해 자기를 좋아하는 남학생의 속마음을 전해 들었다는 이야기, 친구 하나가 울먹거려서 달래줬다는 경험, 엄마가 늦게 퇴근했을 때 아빠, 오빠랑 밥 먹으면서 한 생각, 시간 날 때 엄마에게 들려주려고 메모해 둔 것들까지. 딸의 말에 맞장구치며 듣는 시간은 업무도, 속상한 일도 다 잊게 해 주는 마음 보약처럼 느껴졌다.

얼마 전까지만 해도 딸은 내 말에 쉽게 짜증을 내곤 했다. 저녁밥을 먹다가 학교 이야기를 물으면 "엄마는 말해도 잘 모르잖아." 하면서 선을 그었다. 딸 방문을 열면 "엄마, 나가." 하며 고개도 안 돌리고 말할 때도 있었다. 서운했지만, 사춘기를 맞은 아이의 변화에 조급해하지 않고 사랑스러운 대답을 믿고 기다리기로 했다. 새벽마다 책을 읽고, 마음에 와닿는 글귀를 필사했다. 그리고 아이들에게 기억에 남는 문장을 편지로 써서 보냈다. 처음엔 눈길조차 주지 않던 아이들이, 어느 날부터 내 말을 조용히 들어주기 시작했다.

"변했어. 원래는 엄마가 고딩엄빠 같았거든? 그런데 지금은 그냥 엄마 같아."

고딩엄빠가 뭐냐고 물었더니, 딸이 빙긋이 웃으며 말했다.

"자기도 아직 어려서 좀 더 커야 하는 엄마."

그 말이 어찌나 웃기고도 뭉클하던지. 내가 변화하려고 애쓴 걸 딸이 알아봐 준 그 한마디가, 나를 다시 단단하게 만들었다.

감정 표현이 서툴렀다. 힘들면 한숨이 먼저 나왔고, 짜증이 얼굴에 다 드러났다. 가족에게 무심했다. 차가운 말을 하던 날도 많았다. 이제는 다르다. 책을 읽고 글을 쓰면서 내 감정을 먼저 들여다보는 시간이 생겼다. 같은 상황에서도, 이제는 5초 멈출 수 있게 되었다. 반응보다 이해를 먼저 선택하게 되었다. 감정을 정확하게 표현할 수 있게 되었다. 화만 내던 내가 화내지 않고도 감정을 설명할 수 있는 지혜를 경험했다. 요란했던 감정을 잔잔하게 유지할 수 있게 되었다.

감정이 잔잔해지자 대화가 부드러워졌다. 가족 단톡방에는 "오늘 뭐 먹고 싶어?", "오늘 어땠어?", "잘 잤어?" 같은 따뜻한 말들이 자연스럽게 오간다.

"주하야, 정리 안 된 공간에 있으니까 엄마가 좀 불안하고 초조하네. 청소 좀 할까?"

이제는 속상한 일이 있어도 숨기지 않고 솔직하게 말할 수 있게 되었다. 서운함이 오래 가지 않는다. 지금 우리 가족은, 감정을 나눌 수 있는 나의 안전한 공간이다. 매일 새벽, 글을 쓰고 아이들에게 편지를 쓴다. 그 편지를 단톡방에 올리면 제일 먼저 하트를 누르는 사람은 남편이다. 내가 책을 읽으면, 아이도 책을 꺼낸다. 딸의 공개수업 날, 친구들이 "주하는 아침 독서를 열심히 해요."라고 칭찬했다. 그 말을 듣고 얼마나 뿌듯했는지 모른다. 내가 해 온 작은 실천들이 헛되지 않았구나 싶었다. 딸은 요즘 내가 듣는 글쓰기 강의도 엿듣고, 내 필사 노트도 슬쩍슬쩍 본다. 국어 시간에 쓴 딸의 글을 보니, 글솜씨는 이미 나보다 낫다. 주하가 어떤 꿈을 꾸든, 글 쓰는 삶을 살았으면 하는 욕심을 가져본다. 읽고 쓰는 나의 습관이 아이에게 '가능성'이라는 씨앗을 심어주는 것 같아 반갑다.

예전에는 좋은 엄마, 좋은 아내가 되려면 자신을 희생해야 한다고 믿었다. 하지만 지금은 안다. 내 마음을 먼저 챙겨야 가족도 사랑할 수 있다는 걸. 나를 돌보는 건 이기적인 게 아니었다. 오히려 가족을 위한 첫걸음이었다. 그리고 그 중심에, 독서와 글쓰기가 있다. 책은 흔들리는 나를 붙잡아주는 중심이 되어 주었다. 글쓰기는 내 마음을 비춰보는 거울이 되었다. 나는 책을 읽고 쓰면서 내 하루를 돌아본다. '오늘 나는 어떤 표정을 지었을까?' '내 말투는 누구를 살리는 말이었을까?' 이런 질문들이 내 삶을 조금씩 바꿔가고 있다.

앞으로는 독서와 글쓰기뿐 아니라 운동과 명상도 꾸준히 챙겨

보려 한다. 몸도 마음도 더 단단하게 다듬으며 살고 싶다. 가족과 시간을 나누고, 함께 성장하는 삶. 그 길을 나는 꾸준히 걸어가려 한다.

내가 달라지니, 가족이 달라졌다. 내 감정을 먼저 다스리자, 가족의 표정과 말투도 달라졌다. 마음을 먼저 열자, 가족이 마음을 열기 시작했다. 나를 위한 공부가, 결국 가족의 행복으로 이어졌다. 내가 새벽에 책을 읽고 글을 쓸 때, 그 모습은 아이에게 '살아 있는 교과서'가 되었다. 나 하나 바뀌었을 뿐인데, 우리 가족의 분위기가 달라졌다. 누구도 억지로 바꾸지 않았다. 나는 단지 내 자리를 전보다 단단하게 지켰을 뿐이다.

매일의 작은 실천이, 결국 삶을 바꾼다. 거창한 목표보다 소박한 반복이 더 큰 힘이 된다. 오늘도 나는 한 줄을 읽고, 한 줄을 쓴다. 아침의 시작에 안부를 묻고 하루의 끝에 마음을 나눈다. 이런 하루하루가 쌓여, 우리 가족의 내일을 바꾸고 있다. 나는 이제 혼자가 아닌, 함께 성장하는 삶을 살고 있다.

# 그 덕분에, 나답게 산다

### 김미애

늦둥이로 태어나 함께 놀아 줄 형제가 없던 나는 늘 외로웠다. 청소년기에는 나보다 똑똑하고 잘난 친구들과 비교하며 자신감이 떨어졌고, 늦은 나이에 교대에 입학했을 땐 어린 동기들 사이에서 더욱 위축되었다. 그래서 언제나 다정하게 나를 사랑하고 도와줄 '나만의 슈퍼맨'을 기다렸다. 한때는 남편이 나를 지켜줄 슈퍼맨이라 믿었던 적이 있다. 그와 함께라면 행복이 보장된다고 생각했다. 하지만 결혼과 동시에 다정했던 슈퍼맨은 달라졌다. 출산과 육아로 지친 나에게 가시가 돋친 말을 하는 남편 때문에 힘겹고 고통스러웠다. 나는 점점 위축되었다.

복직 후 다시 학교 생활을 시작하면서 내 안에 변화가 일기 시작했다.

처음 맡은 방과후학교 업무가 내 능력보다 벅찼다. 도움을 청했던 남편조차 외면했다. 실망스럽고 속상했지만, 평소 "넌 끈기가 없다."는 남편의 말이 오히려 자극이 되었다.

"죽이 되든 밥이 되든, 맡은 일은 끝까지 해내자."

나는 처음으로, 무슨 일이든 할 수 있다는 자신감을 얻게 되었다. "나는 부족하지 않아. 나, 대단한걸? 이 힘든 일을 척척 해내는 내가 정말 멋져. 나는 정말 괜찮은 사람이야." 남편에게 기대했던 다정한 말을 나 스스로에게 충분히 칭찬해 주었다. 그때부터 나는 나 자신을 믿기 시작했고, 나를 사랑하지 않았던 과거를 반성하게 되었다. 나 자신이 얼마나 소중한 존재인지 깨달은 것이다. 자신을 사랑하게 되면서 나는 점점 더 강해졌다. 공부, 운동, 여행 등 나를 위한 활동을 하며, 타인의 평가나 비난에도 쉽게 상처받지 않게 되었다.

남편의 말에 '날 위한 거야.'라고 내 방식대로 번역하기 시작하니, 마음이 조금씩 성장했다.
14년의 결혼 생활을 통해 나는 남편을 조금씩 이해하게 되었다. 남편은 늘 내게 "NO."라고 말하는 사람이었다. 가장 가까운 사람이 내 말에 항상 반대하는 것이 외롭고 아팠다. 그런데 말은 "안 돼."라고 해도, 결국엔 모든 게 내가 원하는 대로 흘러가 있었다. 만약 남편의 끊임없는 거절이 없었다면, 지금의 나는 없었을지도 모른다. 아마도 지금처럼 단단한 내가 아닌, 늘 누군가의 도움이 필요한 나약한 사람으로 살아가고 있었을 것이다. 이젠 마라톤도, 등산도 남편에게 권하지 않는다. 누가 함께해 주지 않아도 하고 싶은 걸 포기하지 않기로 했다. 한라산을 혼자 올랐고, 혼자 마라톤 대회도 나간다. 컴퓨터로 하는 문서 작성, PPT, 영상 편집도 잠든 남편을 깨우지 않고 혼자 척척할 수 있다. 이젠 한글 문서 작업도 남편보다 내가 훨씬 능숙하다. 내가 만든 우리 반 뮤직비디오 영상은 유튜브 조회 수 30만을 넘겼다. 그 어떤 도움 없이 해낸 결과였다.

한때는 남편을 원망했고, 결혼을 후회했다. 남편의 거친 표현 방식에 지쳐 이혼을 고민했던 순간도 있었다. 하지만 나 자신을 사랑하게 되면서 마음에 여유가 생겼다. 남편의 입장에서 생각해 보니, 그가 나에게 "뚱땡이."라며 음식을 제한했던 것도 사실은 걱정에서 비롯된 것이었다. 우리 엄마는 고혈압과 당뇨로 오랫동안 고생하다 돌아가셨고, 두 오빠 또한 같은 병을 앓고 있다. 운동을 시작하기 전, 나 역시 당뇨 전 단계로 진단받았다. 그런 나를 위해 남편은 자기 방식대로 나를 향한 걱정을 표현했다. 직장 동료들과 간 맛집에 꼭 나를 데려가고, 마지막 고기 한

짐을 나에게 양보하는 남편. 그 마음을 이제는 조금 알 것 같다. 다소 거칠지만 단단하게 내 옆을 지켜주었던 남편 덕분에 나는 쉽게 무너지지 않는 강철 여인이 되었다.

"창원에서 김해까지, 매주 세 번씩 야간 대학원을 다닌다고? 어떻게 끝까지 다녔어?"

친한 언니가 물었다.

"대학원 간다고 하니까 남편이 쓸데없는 짓이라고 화를 냈어. 그래서 더 오기가 생겼어. 꼭 졸업장을 따서 보여주겠다고 생각했지."
"그럼 남편 덕이네?"

그렇다. 남편 덕분이다.
그의 방식이 때로는 거칠고 서툴렀지만, 걱정의 또 다른 표현이었을 테지. 결국 나를 더욱 단단하게 만들었다. 남편은 내가 끝까지 목표를 달성하도록 자극을 준 사람이다.

자기 계발을 통해 남편 말 번역기를 장만한 기분이 든다. 무엇보다도 내가 나를 인정하고 앞으로도 도전, 성취해야 한다. 남편 덕에 멘탈을 잡을 수 있었다. 예전에는 그의 말 한마디에 눈물 흘렸지만, 이제는 마음이 평온하다. '나는 괜찮아. 결국 모든 건 내 뜻대로 될 테니까.'

상처 위에 딱지가 앉고, 그 딱지 위로 더 단단한 내가 자라났다. 강한 멘탈 덕분에, 삶은 더 즐겁고 행복해졌다. 다른 사람의 도움만 바라는 나약한 나로 살았다면, 지금의 행복은 절대 느낄 수 없었을 것이다. 나는 요즘의 내 모습이 좋다. 무엇에도 꺾이지 않는 '나다운 나'로 살아가는 지금의 내가 좋다. 꿈을 이루기 위해 포기하지 않고 달려온 멋진 나를 만들어준 남편이 고맙다. 어쩌면, 남편은 내 인생 최고의 트레이너가 아닐까? 결정적인 순간마다 나를 일으켜 세운 건 바로 나였다. 쓰러지고 싶을 때도 마음을 다잡고, 외로울 때도 내 감정을 먼저 어루만졌다. 타인의 인정이 아닌, 나 자신의 인정이 진짜 위로라는 걸 배웠다. 남편의 말 한마디에 무너지던 나는 이제, 내가 던진 한마디로 다시 일어선다. 내가 해낸 일들을 돌아보면, 내 안에 숨은 가능성에 놀랄 때가 많다. 자기 계발은 선택이 아니라 생존이었다. 그렇게 매일 단단해져 갔다. 타인의 말에 휘둘리지 않고, 내 기준으로 내 가치를 정하는 삶이 얼마나 단단한지를 매일 체감한다. 그런 나 자신이 자랑스럽고, 앞으로가 더 기대된다.

남편이 트레이너였다면, 나는 내 삶의 진짜 선수다. 고된 훈련 끝에, 이제 어떤 무대에서도 흔들림 없이 설 수 있다. 결국 나를 일으켜 세운 건 내 안에 있던 강인한 나였다.

# 남겨진 이들을 위해

## 김선호

주변을 보면 사랑하는 가족이나 친구를 잃은 이들에게 위로한다며 하는 말이 '이겨내야 한다' 또는 '극복해야 한다'라고 말하는 경우가 있다. 하지만 진정한 '애도'는 지금의 슬픔과 어려움을 극복해 내는 것이 아니라, 온전히 겪어내야 하는 것이다. 사랑하는 사람의 부재로 인한 슬픔을 인정하고, 서로 손을 맞잡고 그 슬픔의 시간을 함께 걸어가는 것이다. 이렇게 보면 '애도' 한다는 것은 어느 한 사람만의 일이 아니라, 주변 모두가 함께 동참해야 가능한 일이다.

나는 참으로 행복한 사람이다. 비록 나의 세상이자 우주였던 엄마가 천국으로 떠났지만, 내 곁에는 여전히 사랑하는 가족들이 지키고 있다. 언제나 내 편이 되어주는 아내와 딸, 그리고 묵묵하게 내 등을 토닥여주는 누나와 아빠까지. 이들이 있는 한, 나는 혼자가 아니다.

문득, 내가 떠난 후 남겨질 가족들에 대해서 생각하게 되었다. 사랑하는 가족들이 나로 인하여 너무 슬퍼하지만은 않았으면 좋겠다. 물론 내가 엄마를 떠나보내고 힘들고 슬펐던 것처럼, 남겨진 가족들 역시 수시로 밀려오는 슬픔으로 인해 몸서리칠 것이다. 그래서 지금부터 가족들이 나를 애도하며 그 슬픔을 온전히 겪어내고, 서로의 등을 토닥여 줄 수 있도록 조금씩 준비를 해야겠다고 생각했다.

첫 번째는 가족과의 시간을 최우선으로 두는 것이다. 엄마를 추억하는 시간을 통해 돌아보니, 감정이 들끓는 사춘기를 잘 보낼 수 있었던 것도 엄마와 함께했던 산책 시간 덕분이었다. 사실 엄마가 특별하게 어떠한 행동을 한 것은 아니었다. 그저 나와 발걸음을 맞추며 내 이야기에 귀 기울여준 엄마 덕분에, 나는 객관적으로 상황을 파악할 수 있었고 내가 어떻게 행동해야 하는지 스스로 정리할 수 있었다. 그래서 나도 엄마처럼 비가 오나 눈이 오나 딸과 아내의 손을 굳게 잡고 함께 걸으며 그 나누는 이야기에 귀 기울여주는 나무가 되고 싶어졌다. 그리고 엄마처럼 늘 꿈을 꾸고 도전하기를 멈추지 않을 것이다. 엄마는 가정주부로 살아가며 항상 도전하는 삶을 사셨다. 가족을 먹이기 위해 일식·양식·중식·한식 모두를 다루고자 요리책을 끼고 살았고, 상담 심리를 공부하며 아버지를 도우며 항상 무언가를 도전하는 삶을 사셨다. 그 도전 덕분에 넉넉지는 않아도 부족하지 않을 수 있었던 것 같다. 나 역시도 딸에게 도전하는 사람으로 기억되기를 원한다. 비록 빛나는 성과가 있지는 않더라도, 언제나 꿈을 꾸며 맡은 바에 최선을 다하고 어제보다 오늘 발전된 모습으로 살아가길 노력하는 사람으로 말이다. 그래서 나는 오늘도 밀려오는 잠을 이겨내며 노트북을 꺼내 들고 글을 쓴다. 20년 후, 딸이 삶이 고달파 지쳐 있더라도 이 글을 읽으며 다시 한번 도전하길 바라며 말이다.

두 번째, 누나에게도 친한 친구가 되어주어야겠다는 다짐을 했다. 누나는 항상 사람 좋은 미소로 가족의 대소사를 잘 챙겼다. 사소한 일까지도 누나가 총대를 메어 가족이 모일 수 있도록 힘을 써주었기에, 나는 항상 누나의 배려와 노력에 감사함을 느끼고 있다. 사실 돌아보면 누나는 항상 나를 먼저 챙겨 주었다. 어린 시절 가장 기억에 남는 에피소드가 하나 있는데, 새내기 대학생이던 누나는 나를 그 당시 유행하던 패밀리 레스토랑에 데려갔다. 자리에 앉자마자 누나는 나에게 느닷없이 집중하라는 말을 했다. 그러고는 주문을 시작했는데, 나는 생전 처음으로 그렇게 복잡한 주문은 처음 봤다. 각각의 메뉴는 별도의 옵션을 골라야 했고 메뉴판에도 없는 옵션으로도 변경 가능했는데, 누나는 아주 능수능란하게 메뉴판을 보며 이것저것 주문하기 시작했다. 그렇게 마법 쇼를 본 것처럼 얼이 빠져 있는 나에게 누나는 말했다. "너는 나중에 당황하지 말라고…." 엄마가 천국으로 가시던 날에도 누나는 하염없이 눈물을 흘리면서도 나에게 괜찮다는 말을 계속했다. 본인도 감당할 수 없는 슬픔과 상실감에 빠져 있음에도 나를 먼저 챙겨 주었던 것이다. 이제는 내가 누나의 등을 토닥이며 괜찮다고 말하고 싶다. 살아가다 힘들고 지칠 때면 통화하며 함께 맞장구치며 희로애락을 함께 나누고 싶다. 엄마가 언제나 우리에게 그랬듯 말이다.

세 번째, 아버지와의 관계 재정립이다. 엄마를 애도하면서 눈물이 거두어질 즈음, 그제야 초췌해진 아버지가 보이기 시작했다. 그동안 문득문득 휘몰아 밀려오는 슬픔에 빠져 미처 아버지를 생각하지 못했다는 것을 깨닫게 되었다. 사실 그동안 아버지와 크게 부딪치지 않았기에 이 정도면 꽤 괜찮은 부자 관계이지 않을까 생각하였다. 그런데 축 처진 아버지의 어깨를 보는 순간, 그동안 내가 얼마나 아버지에 대해 무관심했는지 떠오르게 되었다. 서로를 잘 이해하기에 어려움이 없는 것이 아니라,

오히려 접점이 없을 만큼 철저하게 관심이 없었기에 서로 부딪칠 것도 없었던 것이다. 엄마가 천국으로 떠난 후, 나름 아버지를 신경 쓴다고 전화도 한다고 했지만, 사실 아버지가 느낄 외로움에 대해서는 단 한 번도 생각하지 못했다. 아니, 무관심했다. 엄마와 함께 잠이 들던 침대에서 혼자 아침을 맞이한다는 것이, 함께 식사하던 식탁에서 덩그러니 밥그릇 하나만 놓는다는 것이 아버지에게는 얼마나 힘든 일이었을지 단 한 번도 생각해 보지 못했다. 엄마가 돌아가시고 아버지는 그해에 퇴직하셨고 근처로 이사를 하셨다. 물리적인 거리는 짧아졌지만, 솔직하게 심리적인 거리는 더 멀어진 것 같다. 아버지와의 관계는 불편하지 않지만, 마냥 편한 것도 아니다. 물론 나름대로 아버지를 신경 써야겠다는 생각에 의식적으로라도 더 자주 전화를 드렸지만, 아버지와의 대화는 1분을 넘어가지 못했다. 그렇게 짧게 끝나버린 통화가 아버지를 더욱 외롭게 만들었을지도 모른다는 생각이 들었다. 그럼에도 엄마가 없는 아버지와 함께 시간을 보낼 수 있는 방법과 대안이 쉽사리 떠오르지 않는다. 아무리 이해해 보려 해도 이해할 수 없는 아버지의 자유분방함과 고집은 아마 서로가 이 땅에 살아가는 동안 평생의 숙제일 듯하다. 그럼에도 '곽희자'라는 사람을 함께 추억할 수 있는 인생의 동반자임은 분명하기에, 함께 손을 잡고 걸어가고자 한다.

우리는 모두 '죽음'에 대한 공포심이 있다. 단 한 번도 경험해 보지 못한 미지의 영역이기에 우리로 하여금 더욱 두렵게 만드는 것 같다. 엄마가 내 곁을 떠나기 전까지만 하더라도 나에게 있어서도 '죽음'이란 아주 생소하고 낯선 단어였다. 그러나 '죽음'이라는 불청객은 어느 날 우리 가족에게서 엄마를 빼앗아 갔다. 갑자기 우리의 삶으로 찾아 들어온 '죽음' 때문에 종잡을 수 없는 감정의 소용돌이에서 2년이라는 시간을 보냈다. 이 혼돈의 시간을 겪으며 확실해진 것은 있다. 사랑하는 누군가를 잃어 느끼게 되는 상실감에 고통스러워할 때도 주변을 살펴보면 함께 슬퍼하고 위로해 주는 가족이 있다는 것이다. 나의 눈물을 닦아주고 손잡아 주는 단 한 사람이 있는 한, 그 슬픔은 반이 될 수 있다.

진정한 '애도'는 함께하는 것이다. 비록 지금 내 곁에는 없지만 앞으로 영원히 함께 할 아름답고 소중한 추억을 남겨준 사람, 그리고 지금 상실감을 함께 나누며 내 옆을 지키는 사람 모두가 함께하는 것이 진짜 '애도'인 것이다. 비록 파도에 맞서 온전히 서 있을 수는 없지만, 서로가 손을 맞잡으면 넘어지지 않을 수 있는 것처럼 말이다.

2025년 4월 세상이 분홍빛으로 물들어가던 날, 가족들과 함께 손을 맞잡고 엄마를 찾았다. 내 안의 슬픔이 해결되고 나니, 유골함에 있는 엄마를 웃음으로 맞이할 수 있었다. '애도'라는 자기 계발을 통하여 내 안의 슬픔이 조금이나마 해결이 되었고, 이를 통해 가족과의 관계 역시 더욱 단단해졌음을 느낄 수 있었다. 오늘도 하늘에서 온화하게 웃으며 나를 바라보고 있을 엄마를 '애도' 하며, 먼 훗날 나를 '애도' 해 줄 가족과 친구들을 생각하며 하루하루를 묵묵히 살아가고자 한다.

## 나를 돌아보니 해답이 보였다

**백현기**

"작가님, 공저하자! 이번 키워드는 가족인데, 같이 하실 거죠?"

갑작스러운 전화에 반가움도 잠시, '가족'이라는 단어에 가슴이 턱 막혔다. 솔직히 말하면 가족에 대한 기억은 떠올리고 싶지 않았다. 괜히 내 과거 이야기를 책에 썼다가 나중에 부모님이라도 보시게 될까, 무슨 말씀을 하실까 걱정부터 앞섰다. 하지만 고민도 잠시, 과감하게 쓰기로 했다. 내가 겪었던 힘든 경험이 전혀 쓸모없는 것이 아니며, 방황하고 좌절했던 순간들조차 오히려 나를 성장시키는 원동력이 되었다는 것을 말하고 싶었다.

나는 '소심하다'라는 말을 자주 들었다. 부정할 수 없었다. 부모님도 그렇게 말씀하셨고, 심지어 중학교 가정통신문에까지 나의 소심한 성격에 대해 쓰여 있을 정도였다. 누가 묻지도 않았지만 속으로 해명하고 싶었다. '혼자 자라서 사람들과 어떻게 어울려야 할지 몰라서 그래'라고. 낯선 사람들과도 쉽게 친해지는 사람들을 보면 늘 부러웠다.

많은 사람 앞에 서기만 하면 얼굴이 붉어졌고, 등은 땀으로 축축했다. 심장이 너무 빨리 뛰어서 귓가에 쿵쾅거리는 소리가 들리는 듯했다. 남들의 시선을 지나치게 의식하며, 내 행동 하나하나, 말 한마디 한마디를 어떻게 평가할지 걱정했다. 정작 시간이 지나서 물어보면 '그런 일이 있었어?' 하는 사람들이 대부분이었다. 그런 날이면 집에 돌아와 이불을 발로 뻥뻥 차며 후회했다. 실패하는 것이 두려웠다. 어렸을 때는 작은 잘못에도 크게 혼이 났다. 설거지하는 엄마에게 고무장갑으로 뺨을 맞은 적도 있었고, 시골 고모 집에 놀러 갔을 때는 친척 동생과 사이좋게 지내지 않는다고 공사장에서 쓰는 각목으로 맞기도 했다. 그런 경험 때문이었을까. 어른이 되어서도 회사 상사나 선배에게 혼나는 날이면 자존감이 바닥까지 곤두박질쳤다. 표정 관리가 안 되어 오해를 산 적도 많다.

그렇게 살아왔기에 앞으로도 변할 일은 없을 거라고 믿었던 내 삶은, 자기 계발에 눈을 뜨면서 조금씩 달라지기 시작했다.

내가 생각하는 자기 계발은 단순히 취업에 필요한 자격증을 따거나 스펙을 쌓는 것이 아니었다. 눈에 보이는 성과보다 내면을 단단하게 다져나가는 과정, 자신을 스스로 탐구하고 자신감을 얻는 것이 중요했다. 남들은 심지어 가족조차도 알지 못했다. 오직 나만이 이 과정을 통해 진정한 성장을 이룰 수 있다고 확신했다.

삶의 태도를 바꾸는 데 집중했다. 늘 불평불만을 입에 달고 살고, 시작하기도 전에 실패를 걱정하는 사람이 바로 나였다. 생각을 조심해야 한다. 생각은 말이 되고, 말은 습관이 되기 때문이다. 부정적인 습관이 내 삶을 갉아먹고 있다는 것을 알았기에, 무슨 일이 있어도 긍정적으로 생각하려 애썼다.

매일 잠들기 전에는 '세 줄 일기'를 썼다. 하루 동안 후회할 만한 일은 없었는지 되돌아보고, 책 속의 문장들을 옮겨 적으며 자신에게 용기를 북돋아 주려 노력했다. 시를 쓰기도 하고, 차마 다른 사람에게 하지 못했던 속마음을 털어놓기도 했다. 그 누구도 시킨 일은 아니었지만, 스스로 변화를 다짐했기에 이 정도 노력조차 하지 못하면 아무것도 이룰 수 없다고 생각하며 매일 실천했다. 퇴근 후 동료들과 술 한잔하는 날에도 억지로 술을 자제하고, 반드시 그날의 일기를 쓰고 잠자리에 들었다. 어떻게든 '오늘'을 마무리하겠다는 다짐 덕분에 100일 동안 꾸준히 이어

갈 수 있었다. 매일 같은 시간, 같은 자리에 앉아 애쓰는 내 모습이 대견했다. 가끔 처음 이 일기를 시작했을 때의 마음을 떠올리며 다짐을 굳건히 했다. '지금 하는 이 노력이 당장 눈에 보이는 결과로 이어지지는 않겠지만, 10년 후 내가 살아가는 데 꼭 필요한 이정표가 되어줄 거야. 그러니 포기하지 말고, 묵묵히 나아가자.' 포기하고 싶을 때마다 자신을 다독였다.

주말 오후, 도서관에 들러 신간 목록을 살피는데 유독 한 권이 눈에 띄었다. 두께와 크기 모두 다른 책보다 얇고, 작았지만 표지만큼은 특별했다. 마치 어느 작가의 유화 작품을 그려 넣은 듯했다. 목차를 살펴보니 어림잡아 서른 명의 이름이 쓰여 있었다. 시와 수필 형식의 글이 담긴 이 책은, 매달 출판사에서 한 가지 주제를 제시하면 관련된 경험을 글에 옮겨 공모하는 공동 출간 형식의 책이었다. 꺼내어서는 열람실에 가 자리를 잡았다.

신기하게도 이번 달 주제는 '가족'이었다. 세상을 떠난 부모님을 그리워하는 시, 가족과의 추억이 담긴 이야기들을 읽으며, 어린 시절부터 지금까지의 내 모습이 스쳐 지나갔다. 부모님께 혼날까 봐 무서워 가출했던 기억, 친구들과 육교 위에서 전단을 나눠주다 선생님께 걸려 혼쭐이 났던 기억, 아내와의 불화와 직장 문제까지 겹쳐 힘겨운 시간을 보냈던 기억, 그리고 묵묵히 기다러주셨던 부모님까지. 몇 장을 넘기지도 않았는데 가슴이 꽉 막혀왔다.

스마트폰을 꺼내 출판사 홈페이지에 접속했다. 이번 달 원고 마감은 내일까지였고, 주제는 '편지'였다. 망설임 없이 메모장에 저장해둔 글들을 천천히 훑어보았다. 백 편이 넘는 글 중에서 '세 줄 일기'라는 제목이 눈에 들어왔다. 지금의 내가 써 내려간 일기는, 또 다른 의미에서는 미래의 나에게 보내는 편지와 같다고 생각했기 때문이다.

문맥이 자연스러운지, 오탈자는 없는지 꼼꼼하게 확인하며 문장 하나하나를 퇴고했다. 현실은 바꿀 수 없지만, 글은 언제든 수정할 수 있었다. 과거의 기억을 글로 다시 쓰는 이 순간, 앞으로의 내 삶도 더욱 발전하리라는 희망을 품고 마지막 마침표를 찍었다. 결과는 그야말로 대성공이었다. 글솜씨가 뛰어나서, 혹은 베스트셀러 작가가 되어서가 아니었다. 그저 처음으로 내 이야기를 세상에 꺼내놓은 날이었기 때문이다. 책 한 페이지에 실린 내 이름과 글을 보며, 마음속 깊은 곳에서부터 위로받는 느낌이 들었다. 도전하길 정말 잘했다는 생각을 했다.

어린 시절, 가난과 술에 취해 폭력을 행사하시던 아버지에 대한 원망으로 가득했던 나날들이었다. 내 삶은 왜 이렇게 되는 일 하나 없을까 자책하며, 힘든 시간을 보낸 탓에 어쩔 수 없다고 합리화하기도 했다. 중요한 일보다는 부정적인 감정에 휩싸여 에너지를 낭비하며 살았다. 하지만 나를 바꾸는 건 결국 나 자신이라는 걸 깨달았다. 부정적인 생각이 떠오를 때마다 글을 쓰며 감정을 다스렸고, 일상이 조금씩 밝아지는 걸 느꼈다. 이제는 안다. 내 삶의 주체는 바로 나라는 것을. 과거에 얽매여 원망만 한다면 괴로운 건 결국 나 자신뿐이라는 것을.

2025년에는 자기 계발 분야를 다른 분야로 넓혀보기로 했다. 달리기다. 그동안 운동은 했었지만 꾸준함이 부족했다. 작년 하프 마라톤 대회를 끝으로 마지막 달리기가 언제였는지 가물가물했다. 지금의 내 상태를 바꾸기 위해선 무엇보다 꾸준하게 반복할 수 있는 무언가가 필요했다. 거창한 목표는 세우지 않았다. 비결이 어느 정도 쌓이면 관련하여 책을 써보고 싶다. 제목은 '달리기, 인생을 다시 쓰다' 정도면 좋지 않을까. 과거의 상처와 어려움에 갇히지 않고, 끊임없이 도전하며 성장하는 삶을 살아갔으면 한다. 새로운 도전은 매번 낯설고 때로는 실패의 두려움이 더 클 때도 있다. 그때마다 오늘의 실패는 내일의 내가 딛고 더 높은 곳으로 나아갈 수 있는 디딤돌이라 생각하면 된다. 그것을 매일 반복할 수 있다면 진정한 나만의 성공에 가까워질 수 있으리라 확신한다.

## 가족이 되었다

### 신민진

　오후 5시. 나도 모르게 숨을 가다듬는다. 달리기 경주를 앞둔 것처럼 바짝 긴장된다. 가족이 하나둘 모여들면서 집안이 시끌벅적해졌다. 아이들 뒷바라지를 하고 저녁 식사를 준비하다 보면 숨이 턱까지 차올랐다. 쉴 틈 없이 움직이면서 동시에 여러 가지 일을 한 번에 해결해야 했다. 퇴근한 남편이 다가와 오늘 있었던 일을 미주알고주알 풀어놓기 시작했다. 관심이 가다가도 싱크대 물소리와 냉장고 문 닫는 소리에 이야기가 끊겨서 들렸다. 좁은 주방에서 이리저리 움직이다 보면 자꾸 몸이 부딪혀서 성가시기도 했다. 두 아이도 옷가지와 가방을 정리하며 목소리를 높였다. "엄마 오늘 선생님이···." "오늘 학교에서···."로 시작되는 말들. 그리고 여러 가지 이유로 엄마를 불러댄다. "엄마!

엄마?" 예측할 수 없는 일들까지 더해져 조용할 틈이 없다. 그런데도 분주한 나를 따라다니며 남편의 이야기는 계속 이어졌다. 이미 흐름을 놓쳐 귀에 잘 들어오지 않았다. 반응이 시원찮으니 이제는 내 안부를 물었다.

"오늘 거기 갔다 온 거 어땠어? 잘했어?"

세 가지 요리를 한꺼번에 하려니 집중이 되지 않았다.

"갔다 왔지, 뭐."
"어땠는데? 거기서 뭐래?"

힐끗 남편을 보니 궁금한 마음이 고스란히 담긴 눈빛으로 나를 바라보고 있었다. 긴 이야기를 하자니 요리하는 손이 더뎌져 적당히 둘러댔다. 아이들이 끼어들어 대화가 잠시 끊겼지만, 남편은 기다렸다는 듯 다시 물었다.

"그래서 아까 그거 어땠는데?"

변했다. 남편이 언제부터 말이 이렇게 많았나 싶다. 남편이 퇴근해서 오기를 기다렸었다. 나도 하고 싶은 이야기들이 많았다.

그런데 이 시간이 닥치면 눈도 마주치지 못하고 대답은 건성으로 하게 된다. 성의껏 들어주지 못해 서운할 법도 한데 매일 먼저 말을 걸어주는 남편이 고맙다. 서로 눈치 보고 불편해하며 칼날을 세우던 겨울바람이 잠잠해졌다. 우리에게도 어느덧 봄이 왔다.

확실히 달라졌다. '가족세우기' 상담을 배우면서부터다. 밤새 눈을 치켜뜨고 싸우던 시절을 떠올리면 지금은 완전히 다른 삶이다. 아직도 시계를 보고 깜짝 놀라 잠자리에 누울 때가 있지만, 남편과 나누는 정다운 이야기는 밤을 지새워도 지치지 않았다. 우리가 마음을 나누기까지는 결코 쉬운 여정이 아니었다. 그저 시간이 흘러 자연스럽게 좋아진 게 아니다. 3년 가까이 시간을 내어 '가족세우기' 상담에 참여하고, 강의를 들었다. 녹화된 상담 장면을 반복해 보며 축어록을 쓰고 분석하다가 자정을 넘긴 날도 많았다. 매일 몇 편씩 글을 쓰고, 대화를 시도하며 불화를 넘어서기까지 한숨을 몇천 번 아니 몇만 번은 쉬었을 것이다. 배운 통찰력을 일상에 끊임없이 적용하며 여기까지 왔다. 처음에는 우리 부부의 문제라고 생각했던 것들을 차츰 나의 문제로도 바라보게 되었다. 나 자신을 들여다보고, 남편에게 솔직하게 내 이야기를 꺼내기 시작했다. 그러자 신기하게도 대화가 풀렸다. 새로운 이야기에 남편도 귀를 기울였고 생각을 보태

주었다. 우리의 대화는 막힘없이 이어졌다. 무엇보다 큰 도움이 되어준 건, 배우고 알아차린 것들을 잊지 않으려 부지런히 써 내려간 글이었다. 글을 쓰면 생각이 정리되고, 정리된 마음을 이야기로 풀어낼 수 있었다. 감정에 휘둘리지 않게 되었고, 이해되지 않던 남편의 말과 행동 앞에서도 한발 물러서서 바라볼 수 있는 여유가 생겼다. 왜 그럴까 한 번 더 생각하고 글로 적었다. 그렇게 반응하는 나의 이유도 함께 살펴보다 보면 서로에 대한 이해가 점점 깊어졌다. 이런 연습이 나를 성장시켰고, 남편은 나의 손을 잡고 함께 걸어와 주었다.

"책 쓰기를 온라인으로 배우는 게 있더라고. 나 배워보고 싶은데 수강료가 좀 비싸."
"얼만데? 지금 보내면 돼?"

남편은 더 묻지도 않고 돈을 보내준다며 옆에 있던 스마트폰을 집어 들었다.

"하고는 싶은데, 우리가 지금 돈을 아껴야 할 때라 고민도 되고."
"전에도 책 쓰고 싶다고 얘기했었잖아. 하고 싶을 때 해야지."

나는 일을 하지 않아 수입이 없었고, 최근에 집값을 더 주어야 하는 곳으로 이사를 하면서 형편이 좋지 않았다. 생활하기도 빠듯했다. 그런데도 남편은 내가 하겠다고 하는 것을 항상 두말하지 않고 지원해 주었다. 생각해 보면 남편은 원래 그랬다. 내가 원하는 것을 기억했다가 슬그머니 가져다주는 따뜻한 사람이었다. 무엇이든 이야기를 꺼내기만 하면 "해줄까?", "사줄까?"로 대답해 주었다. 다정한 표현은 서툴렀지만 마음은 늘 가까이에 있었다. 그동안 그의 따뜻한 표현을 알아보지 못하고 내가 기대하는 방식과 다르다는 이유로 서운함만 키웠다. 이제는 남편을 내 기준으로 판단하지 않는다. 오해가 쌓이기 전에 원하는 것을 명확히 말하고, 남편을 눈여겨 바라본다. 살다 보니 불필요한 감정 소모를 줄이는 것도 지혜라는 걸 알게 된다. 지금껏 남편의 도움으로 저녁 시간에 책 쓰기 강의를 듣고, 공저로 두 권의 책을 출간했다. 가장 먼저 책을 주문해 준 사람도, 기꺼이 1호 독자가 되어준 사람도 남편이었다. 표현을 아끼다 되레 무뚝뚝해진 나는 오랜만에 저자 사인을 핑계로 편지를 썼다. 책의 내용보다 첫 장에 쓴 손편지가 더 특별하다며 남편은 내 책을 소중하게 간직해 주었다. 그리고 도서관마다 책을 신청해 대출해서 읽었다. 가족이 내 편이 되어주는 것만큼 든든한 일이 또 있을까.

"그게 무슨 배부른 소리야. 남편이 반대만 안 해도 잘해주는 거야."

전화기 너머 친구 인채의 말투가 떠올라 웃음이 났다. 남편 이야기를 투덜거리니 사는 게 다 그렇다며 그 정도면 감사하라는 말까지 덧붙였다. 인채의 말처럼 서로 다른 두 남녀가 같이 살아가는 결혼 생활은 생각보다 훨씬 더 복잡하고 어려운 일이었다. 좋았다가 화가 났다가, 답답했다가 고마웠다가 마치 날씨처럼 변화무쌍했다. 결혼 13년 차인 지금도 남편과 가끔 다툰다. 사소한 것으로 시작되지만, 결국 십 년이 지나도 같은 이야기를 하고 있다는 걸 깨달으면 힘이 빠지고 코웃음이 피식 난다. 이제는 굳이 합일점을 무리하게 찾으려고 하지 않는다. 어차피 안 된다는 걸 받아들인다. '가족은 이해해야 할 대상이 아니라 사랑으로 받아들여야 하는 존재다' 폭풍을 만날 때마다 되새기는 말이다. 미사 중에 해 주신 신부님의 말씀이었다. 결혼 생활의 평온은 결국 내 마음의 평온에서 비롯된다. 마음을 살피면 적어도 부부관계에 냉기가 서리진 않는다. 그리고 그냥 가족이라서 품게 된다. 싸우면서 해결할 수는 없었지만, 갈등을 품으면서 한 단계씩 나아간다. 그러면 다른 형태로 해결이 된다. 우리 부부는 무사히 겨울을 지나 봄을 맞이했다. 언 땅이 녹고 그 틈으로 사랑의 물줄기가 흐른다. 눈부신 행복은 아닐지 몰라도 화목한 순간이 늘어간다. 비로소, 가족이 되었다.

# 싱크대 아래 숨겨진 진실

쓰꾸미

2025년 4월 10일. 길고 긴 하루였다.

새벽에 일어나서 감사 일기를 작성한다. 다이어리에서 하루 일정을 확인하고 달리면서 성장하는 하루를 보내려 노력한다. 샤워하고 난 뒤에는 출근 전까지 읽고 쓰며 하루를 시작한다. 이른 새벽을 알차게 보내며 발견한 것이 있다. 내가 아는 것이 늘 정답이 아니라는 사실. 먼저 모른다고 인정할 줄 알아야 앞으로 배울 수 있다. 배우는 마음을 먹는 순간 변화가 찾아온다.

저녁 시간. 아내와 딸이 김치찌개와 밑반찬으로 식사를 해결했다. 딸은 돼지고기를 넣은 김치찌개를 좋아한다. 오늘 저녁

끓인 참치김치찌개는 손을 거의 대지 않고 남겼다. 아내는 싫어하는 반찬을 먹는 연습도 어른이 되기 위한 교육이라 생각했다. 눈치 없는 내 식욕은 아직 부족하다며, 먹을 것을 더 찾았다. 아내가 냉동실에 핫도그가 있으니 돌려서 먹으라고 했다. 딸에게 같이 먹겠냐고 물었다. 딸은 엄마의 눈치를 보면서 나에게만 승낙한다는 고개를 끄덕였다. 나도 모르는 척하며 핫도그 2개를 전자레인지에 5분을 맞추고 돌렸다, 따뜻하게 조리된 핫도그를 꺼내 딸에게 무심하게 하나 주었다. 아내는 나를 노려보았다. 시선을 피했다. 딸과 교감하며 느끼는 재미가 쏠쏠하다. 한국에서 가족과 지내며 쌓아 놓은 소소한 추억은 잦은 해외 근무로 가족과 오래 떨어져 있을 때 나를 지켜 주는 힘이 된다. 아내의 따가운 눈총에 슬쩍 유머를 흘린다. 아내가 평소에 아이들을 완벽하게 관리하니, 가끔 내가 아이와 일탈해 주어야 창의성이 높아진다는 말을 한다. 어이가 없는 웃음을 짓는 아내 대신 저녁 설거지는 내가 하기로 했다. 아내 기분을 풀어주려고 하는 내 노력이다. 밥그릇, 개인 반찬 접시, 국그릇, 숟가락, 젓가락 모두 3개다. 그리고 김치찌개를 만들면서 나온 냄비, 도마, 칼까지. 빨갛게 김칫국물 자국이 밴 도마는 미리 물로 어느 정도 헹구고 나서 설거지를 시작하면 좋다. 수세미에 세제를 묻히고, 양손으로 수세미를 충분하게 비벼 거품을 충분히 만든다. 그리고 그릇을 수세미로 문지르며 거품으로 덮어씌우면 된다. 아이들이 어렸을 때, 아들 밥그릇에 붙어 있는 밥풀을 대충 설거지하면, 아내가 지적했다. 깔끔하게 되지 않았으면, 아내가 다시 설거지해야 하니 말이다. 한 번 하기로 결정했으면 정성을 다하라고 한마디 덧붙였다. 설거지를 끝내고 나면, 일주일에 한 번 건조대 바닥 물받이를 세제와 함께 닦아낸다. 물받이를 다 세척하고 나면, 마지막으로 싱크대 안쪽을 닦는다. 수전 안에 물을 받아서 사용하지는 않지만, 가족의 음식을 만드는 곳이다 보니 아무래도 위생에 신경 쓰인다. 설거지를 마치고 나면 수전에 묻은 물과 싱크대 주변에 흘린 물을 닦아냈다. 아내가 나에게 고맙다고 이야기하고 나는 내일 아침 메뉴는 무엇을 할 거냐며 이야기를 나누고 있는데 아파트 초인종이 울렸다.

"관리사무실입니다."

관리사무실 직원이 저녁 7시가 넘은, 늦은 시각에 방문할 리가 없는데 무슨 일이냐고 물었다. 아래층 천장에서 물이 떨어진다고 혹시 누수가 없는지 확인하고 싶다고 답이 돌아왔다. 직원이 집에 들어와서 싱크대 밑을 조사하기 시작했다. 싱크대 밑에 물막이를 제거하고 물이 떨어진 곳 확인했다. 수전과 연결된 수도관에서 똑똑 떨어진 물 때문에 아래층에 누수가 생긴 모양이었다. 아래 집으로 내려가서 물이 샌 곳을 카메라로 찍었다. 주방 위 천장을 살펴보니 금 간 부분에서 물이 떨어지고 있었다. 그리고 떨어진 물이 흘러 주방 벽지까지 적시고 있었다.

아래층 이웃과 누수로 첫인사 하게 되었다. 먼저 죄송하다는 말로 시작했다. 위층에서 우리가 사용한 물이 아래층 천장을 적셨기 때문이다. 물이 떨어진 곳을 동영상으로 남기면서 심란해졌다. 주방에서 물을 사용하는 건 피할 수 없다. 수전에서 물이 콸콸 새는 것도 아닌데, 똑똑 떨어진 물이 밑에 층에 바로 피해를 준다고 하니 답답해졌다. 수전이 망가져서 우리 집 가구든 바닥이든 피해 보면 내 책임이 맞다. 그러나, 바닥 누수로 인해서 아랫집 피해까지 발생하는 것이 맞는 것인지 속이 시끄러웠다. 자정까지 인터넷에서 판례, 사례를 살폈다.

어머니 기일이 4월 15일이다. 기일이 되기 전에 주말 시간을 내어 윤정 누나, 아버지, 아내, 아들, 딸과 같이 어머니께 다녀왔다. 하늘은 내 그리운 마음을 아는지, 봄인데도 눈이 섞인 비를 뿌려댔다. 우산을 들고 서 있는데도 비가 우산 안으로 들이쳤다. 바람이 너무 세, 결국 우산이 뒤집혔다. 딸이 들고 있던 우산은 완전히 망가져 버렸다.

어머니 산소에 방문할 때마다, 날씨가 좋았다. 불곡산 위에서 주변을 내려다보면, 좋은 날씨, 좋은 풍경에 늘 기분이 좋아서 돌아오곤 했다. 사계절 변화를 늘 느낄 수 있어 어머니께 다녀오면 마음이 편안해지곤 했다. 그런데 이번에는 날씨 때문에 식당에서 밥부터 먹자고 했다.

양주에 있는 '별미지교'라는 한식 뷔페에 들어갔다. 아버지를 안쪽 자리에 앉혀 드리고 접시에 갖가지 음식을 담아 밥을 먹기 시작했다. 통풍이 있으신 아버지가 좋아하시는 조기구이를 담아 왔다. 입에 맞으셨는지, 아버지는 훈제 오리고기도 드시고, 비빔밥에 나온 나물을 모두 넣어 한 대접을 다 드셨다. 식사하며, 아버지와 누나가 요즘 어떻게 지내냐며 내 일상을 물었다. 얼마 전에 있었던 주방 누수에 대해 말씀드렸다. 누나는 주방에서 물을 사용하는데, 왜 아랫집으로 누수가 되는지 이해할 수 없다고 하였다. 주방 바닥 방수 처리는 강제성이 없어 시공비를 줄이려고, 시공사가 방수 처리를 안 하는 경우가 많다고 이야기해 주었다. 누나는 누수 처리를 아내에게 미루지 말고 나에게 스스로 전부 해결하라고 했다. 대기업은 법 규정이나 사례에 대해서 더 많이 가지고 있으니, 해결할 때까지 긴 시간이 걸리는 점 잊지 말고. 현명하게 잘 처리하라는 당부의 말도 잊지 않았다. 아버지도 한 마디 덧붙였다. 가끔은 내가 맞다 틀리다를 가리는 행위를 좀 더 긴 안목을 보고 접근할 필요가 있다고 하셨다.

공감해 달라고 이야기했는데, 조언만 잔뜩 쏟아내는 누나와 아버지 말이 반갑지는 않았다. 자료를 조사하면서 논쟁이 쉽지 않은 것이라는 것도 이미 안다. 아파트는 세대 수가 많고 비슷한 하자가 많이 발생할 것인데 이런 하자를 전부 처리해 주기 시작하면, 기업에서는 이익이 줄어들 테니, 애초에 쉽게 잘못을 인정하려 들지 않는 거다. 나 역시 건설회사에 다니고 있으니 충분히 이해되는 일이었다.

산 위 어머니 나무 옆에서 내 답답한 마음을 긴 날숨과 같이 떠나보냈다. 초조하고 부정적인 마음이 비워진 공간에 내가 무엇을 배웠으면 하는 성장형 마음을 채우기로 했다.

예전 같았으면 시공사 답변에 화가 나서 참지 못했을 터다. 그러나 이번에는 나를 위한 가족들의 충고 듣고, 《롱 뷰》라는 책의 서평을 쓰며 장기적인 관점에서 무엇이 올바른 결정인지에 대해 생각하던 중이었다. 반응이 아니라 대응하는 사람이 되기 위해서 요즘 겪고 있는 경험들이 도움이 될 거라는 생각이 들었다.

지금 나에게 중요한 일은 가족들과 좋은 시간을 많이 보내며 추억을 쌓는 것이다. 시공사와 옳고 그름을 가리느라 스트레스로 내 일상을 채우기에는 가족과 보내야 할 시간이 너무나 아깝다. 내 시간과 에너지를 쓰게 만든 시공사가 얄미워 한번 회신을 보낼 예정이다. 바닥 누수는 하자 보수 기간이 5년이라는 방향으로 회신할 예정이다. 그렇게 보내고 나서, 딸의 자전거 타는 법 알려주기와 같이 더 중요한 일에 에너지를 쓰려고 한다.

책을 읽고, 글을 쓰며, 일상을 관찰했다. 30대에는 옳다 그르다만 따지느라 내 상태를 살피지 못했다. 40대에 접어드니 주변 모든 사항을 맞다 틀리다로 구분하기가 부담이다. 지금은 옳은 것 같지만 시간이 지나면 틀리는 경우도 종종 경험했다. 눈에는 잘 보이지 않는, 통찰이 내 일상을 목표와 가깝게 만들어 준다. 덕분에 일상을 가족들과 보내는 시간으로 채우며 풍요롭게 보내는 동기가 되어 감사할 뿐이다.

# 자기 계발에 미쳤다

## 안지언

처형! 새벽에 카톡 메시지 보내지 마세요. 제부가 툭 던진 말이었지만 말끝에는 가시가 있었다. 예민해서 알람 소리에 잠이 깨요. 움찔했다. 좋은 걸 나누고 싶었을 뿐이다. 한순간에 민폐가 되었다. 나만 알기에는 아까운 정보였다. 2022년 1월 1일에 시작한 챌린지는 김미경 강사가 진행한 514 챌린지였다. 14일 동안 새벽 5시에 일어나 강의(인생 조언)를 듣고 각자 관심 있는 공부를 이어가는 도전이었다. 강사는 새벽 4시에 일어나 매일 같이 준비한다고 했다. 열정과 꾸준함이 어디선가 인생 방향을 찾지 못해 길을 헤매고 있는 사람들에게 새로운 방향이 되어줄 거라 여겼다. 주저하지 않고 가족들에게 입장 주소를 보냈다. 아무도 반응하지 않았다. 다들 귀찮아했다. 너무 나섰나 싶었다. 알려주고 싶은 마음이 욕심이었을까. 진심이 부담되는 순간이었다.

　새벽에 일어나는 건 어렵지 않았다. 누가 깨우지 않아도 새벽 4시 30분이면 눈이 떠졌다. 일 년 동안 하루도 빠지지 않았다. 군기가 바짝 든 사람처럼 행동했다. 가족들에게만 쏟아붓던 시선과 관심을 내게로 돌리자. 세상에 할 일이 이렇게나 많다는 생각에 놀랐다. 남편이 늦게 들어와도 아이가 숙제를 안 해도, 성적이 바닥을 쳐도. 옷을 아무 데나 벗어 던져놓아도 무던해졌다. 한때는 이혼 서류 쓰고 지우기를 반복했던 격한 감정들도 뒷전으로 밀려났다. 직장 생활 이후 처음 해보는 '어른 공부'였다. 부담이 컸다. 목적과 목표도 없이 그냥 따라가 보자는 마음이었다. 발을 들여놓자 생각보다 외진 길이 펼쳐졌다. 자기 계발이라는 문을 열고 들어선 듯 낯설면서도 멀게 느껴졌다. 같은 공간에서 공부할 수 있다는 사실만으로 가슴이 두근거렸다.

　일과 육아, 집안 살림, 주말마다 거동이 불편한 친정엄마 간호까지 챙겼다. 한꺼번에 짊어진 삶의 무게에 한 치 앞도 안 보였다. 엄마가 회복하려면 운동이 필요했다. 세 딸이 돌아가면서 챙겼다. 엄마는 딸들 손길에 익숙해져 움직이려는 마음조차 내지 않았다. 주중에 먹을 밑반찬까지 챙겼다. 간호하는 일이 쉬운 일이 아닌데 엄마는 움직일 마음조차 내지 않았다. 조금이라도 움직이면 간호하는 데 도움이 된다는 걸 모른다. 종일 앉아 운동은 고사하고 침대에서 물 가져와라, 리모컨 가져와라, 젓가락질하기 싫어 반찬 올려 달라 요청하셨다. 친정집에 있으면 곱게 나오는 말이 하나도 없었다. 지켜보던 아버지는 '오기 싫으면 오지 마라.' 거든다. 문득 스님 말이 떠올랐다. '부모를 바꾸려 하지 마시고, 그냥 무조건 예만 하세요.' 맞았다. 엄마를 운동하게 하려고, 좀 더 나아지게 하려고, 무언가 하기 싫어하는 마음을 바꾸려 했기에 계속 힘들었나 보다.

가족 모두가 화목해야 한다는 고정관념이 나를 괴롭히고 있었는지도. 바라보기만 해도 편안해지는 존재였으면 한다. 아직 남편은 나처럼 변화를 갈망하지 않는다. 남편 몫이다. 변화의 마음이 없는 사람을 억지로 끌어당기느라 애쓰는 시간을 나에게 돌리려 한다.

아이가 초등학교 2학년 때부터 성장 일기를 쓰기 시작했다. 매일 쓰진 못했다. 쓰는 날보다 안 쓰는 날이 더 많았다. 그만 써야 하나 괜히 스트레스만 쌓이는 건 아닌가 고민도 했다. 잘 써지는 날은 두 페이지가 술술 넘어갔다. 대부분 첫 문장에서부터 막혔다.

성장 과정을 놓치고 싶지 않았다. 욕심으로 버텼다. 기록이 세상을 바라보는 관점을 바꾸어 놓았다. 빠지는 날도 많고 부끄러운 날도 많았다. 성장 일기를 쓰다 책 쓰기라는 과감한 도전장을 내밀었다. 상상도 못 했던 일이다. 우연히 블로그 글을 읽다 이현경 작가 글을 접했다. 무료 책 쓰기 수업을 들으며 이 길로 들어섰다. 한 권의 책이 만들어지기까지 몇 페이지를 써야 하는지도 몰랐다. 나는 그런 거 못 해라고 생각만 하던 나였다. 막연하다고 생각했는데 조금씩 방향이 잡혔다.

책을 쓰며 알게 되었다. 걸림돌이라 느꼈던 가족이라는 존재가 오히려 인생을 좋은 방향으로 이끌어 주었다. 삶을 대하는 태도도 바뀌고 의미 있게 살아가기 위해 세 가지 마음에 새겼다. 첫째, 지금 가지고 있는 모든 것에 감사하자. 존재 자체가 감사하게 느껴지는 순간이었다. 지금 여기 없었다면 어렵고 힘든 일도, 기쁘고 행복한 일도 누릴 수 없었을 테니까. 둘째, 배움의 기회를 놓치지 말자. 주어진 시간 안에서 성장시킬 기회를 더 이상 미루지 않기로 했다. 어른이 된 후에도 엄마가 된 후에도 나는 배우려는 사람이다. 셋째, 봉사하는 삶을 살자. 누군가를 위해 아무런 대가 없이 기쁜 마음으로 타인에게 줄 수 있는 것이 봉사라 여겨진다. 내가 풍요로워질 방법을 생각하며 소중한 인생 여정을 챙겨보려 한다.

새벽 5시. 명상으로 하루를 시작하고 운동으로 몸을 깨웠다.

책상에 앉아 여러 종류 자기 계발서를 읽는 시간은 나에게 몰입하는 시간을 부여했다. 그 속에서 성취감을 얻었다. 남들보다 먼저 하루를 시작하고 무언가를 배우고 있다는 자체가 가슴 벅찼다. 꾸준히 내가 만들어 놓은 작은 실천들 속에 조금씩 스며들었다. 독서와 글쓰기에 빠져들면서 놀라운 변화가 찾아왔다. 매일 한 줄이라도 꾸준히 쓰면서 생각과 감정을 객관적으로 바라보게 되었다. 책장을 넘기며 다양한 사람들 삶과 지혜를 접하며 가족을 대하는 시야를 넓혔다. 사소한 행동과 표정까지 새롭게 눈에 들어오기 시작했다.

예전에는 답답했던 존재로만 여겼던 가족들을 이제는 더 깊이 이해하고 공감하게 되었다. 피곤한 표정으로 퇴근해 오는 남편의 하루를 짐작해 보려 했고, 투덜거리는 아이의 말투에 숨겨진 메시지를 알아채려고 노력하게 되었다. 글쓰기는 가족의 목소리를 귀 기울이는 연습이 되었고, 독서는 타인의 삶을 간접적으로 경험하는 시간이었다.

자기 계발에 미쳐 작은 실천과 습관들이 쌓이면서 어떤 일이든 주저하지 않는 적극적인 사람으로 변했다. 가족을 바라보는 시선마저 바꾸어 놓았다.

# 변화의 결실, 가족과 나

## 이연화

"공원 입구에 있는 호프집으로 나와."

한참 동안 공원을 돌고 난 후 남편에게 전화를 걸었다. 깜깜한 밤하늘과 공원 길은 무섭기보다 편안함을 주었다. 먼저 호프집에 들어가 맥주를 시켰다. 오랜만이었다. 20분 후 남편이 도착했다. 직원이 맥주와 기본 안주를 테이블에 놓았다. 맥주를 따라 단숨에 들이켰다. 목이 얼얼했지만 답답한 속이 시원해졌다. 오랜만에 마셔서 그런지 금세 취기가 올라왔다.

행복한 결혼 생활을 꿈꾸며 결혼을 선택했다. 내 가족을 만들고 싶었다. 그 꿈은 시댁살이와 함께 깨졌다. 시댁 식구들의 갈등이 고조되면서 남편과의 관계도 틀어졌다. 경제적인 문제가 불거지면서 몸도 마음도 지쳐갔다. 남편에게 말했다.

"오빠, 우리 이혼하자."

남편은 아무 말 없이 맥주를 마셨다.

"우리가 결혼한 지 벌써 12년이야. 시댁에서 1년만 살자고 했잖아. 1년이 12번이나 지났어. 더 이상 못 참겠어. 난 할 만큼 했어."

남편의 결정을 기다리며 맥주를 마셨다. 차가운 맥주의 향이 입안에 가득 퍼졌다. 씁싸름하면서 쓴맛이 강하게 느껴졌다. 남편은 마시던 컵을 내려놓으며 말했다.

"힘든 거 아는데 이혼은 안 돼, 분가하자."

예상 밖의 대답이었다.
우리는 이혼 대신 분가를 결정했다. 분가 결정 후 행정복지센터 사회복지과에 문의해 청약 정보를 알게 되었다. 입주 신청을 받는 임대 아파트 단지가 있었다. 신청서와 서류들을 준비해 제출했다. 떨어지면 어쩌나 걱정도 되었지만 일단 부딪쳐보자며 보증금을 모아갔다. 3개월 후 당첨 소식이 전해졌다. 모아둔 돈으로 1차 보증금은 지급하고 나머지 보증금은 주택 담보 대출을 받았다. 드디어 분가의 문이 열렸다.

'하면 되는구나!' 무엇이든 해보자. 겁먹지 말고.

용기를 낼 수 있었던 것은 남편과 아이들 덕분이었다. 남편의 결단으로 이혼하지 않고 분가를 할 수 있었다. 남편이 내 마음을 이해해 주지 않고 고집을 세웠다면 가정을 지키지는 못했을 것이다. 남편과 상의를 하며 새로운 생활을 꾸려 나갔다. 분가로 인해 시댁과의 관계가 편치 않았지만 우리는 가족을 지켜낼 수 있었던 것에 만족했다. 나는 경험을 통해 남편과의 소통이 얼마나 중요한지 알게 되었다. 내 삶의 중심은 가족이다. 가족을 위해 가정주부로서, 엄마로서, 아내로서의 역할에 최선을 다했다.

가족에게 열정을 다하는 만큼 내 삶은 뒷전이 되었다. 나는 불편한 상황이 오면 참고 회피하려 했다. 내 감정을 묻어두는 방식으로 상황을 넘기려 했다. 하지만 그건 임시방편일 뿐 문제의 해결책은 되지 못했다. 내가 무엇을 원하고, 어떤 점에서 힘들어하는지를 말하기 시작했다. 처음에는 어색했지만 조금씩 익숙해지면서 편안하게 대화할 수 있었다. 노력하는 남편을 보며 남편에 대한 원망과 섭섭함도 줄었다. 진솔한 대화는 우리 관계를 더 나은 방향으로 이끌었다.

  내가 나를 존중하지 않으면 세상 누구에게도 존중받을 수 없다. 내가 행복하고 긍정적인 상태에 있을 때, 아이들도 나의 에너지를 자연스럽게 받아들이고 건강하게 성장할 수 있다. 남편도 마찬가지였다.

  태교 일기와 감사 일기로 시작된 글쓰기가 내 삶을 크게 바꿔 놓았다. 글쓰기는 나를 찾아가는 여정이기도 했다. 나의 아픔과 고통을 글로 풀어내고 치유하는 과정을 통해 《평범한 일상을 특별하게 만드는 글쓰기》라는 공저 책을 출간했다. 삶의 작은 변화와 성장에 대한 나의 고백이자, 누군가에게 위로와 용기를 전할 수 있는 소중한 기록이다. 책을 쓰는 동안, 공저 작가들의 삶을 들여다보고 비슷한 고민과 아픔을 겪는 이들과 공감하는 과정을 통해 나도 성숙해졌다. 《평범한 날들을 특별하게 만드는 글쓰기》를 쓰면서 내 삶도 객관적으로 돌아볼 수 있었다. 걸어온 길에 대한 자부심도 높아졌다. 무엇보다 자신을 사랑하고 인정하게 되었다. 가족들과 함께하는 시간이 소중하고, 행복한 시간을 함께할 수 있어 감사했다. 남편과 아이들은 내가 작가로서 활동을 시작하는 데도 큰 힘이 되어 주었다.

  내가 변하자 가정의 분위기도 달라졌다. 변화는 한순간에 일어나지 않는다. 오랜 시간의 노력과 인내가 필요하다. 분명한 것은 변화는 가능하다는 것이다. 내가 나를 돌보기 시작한 그 순간부터 세상은 나에게 맞춰 변했다. 변화는 혼자만의 것이 아니다. 나와 함께하는 모두에게 영향을 미치는 일이다. 가족을 통해 나 자신을 통해 성찰할 수 있었다.

변화는 나 자신에게서 시작된다. 내 삶을 변화시키는 것 또한 자기 자신뿐이다. 변화는 두려움을 동반한다. 익숙한 삶을 벗어나는 것은 누구에게나 두렵다. 끝을 알 수 없기 때문이다. 변화의 길은 새로운 도전의 연속이다. 하지만 그 두려움이 자신을 성장시키는 기회가 되어준다. 변화를 두려워하지 말자. 변화는 우리의 삶을 풍요롭고 의미 있게 만들어주는 선물이다. 두려움보다는 변화를 향한 희망을 안고, 자신만의 행복한 길을 만들어가기를 바란다.

# 덜어내고 나니 보이는 것들

## 정일인

거실 커튼을 젖히고 창문을 열었다. 한 손으로 이마를 가렸다. 손가락 사이로 파고드는 볕이 따뜻했다. 하늘은 연한 파스텔 하늘색이다. 새하얀 구름 한 점 없이 맑았고 바람은 느껴지지 않았다. 하늘을 가만히 바라보았다.

요란할 것이 없는 아침이다. 적당한 고요와 온기 속에서, 일상의 슴슴함에 마음을 두니 사소한 행복이 스며들었다. 냉장고에서 과일과 당근, 토마토를 꺼내 씻었다. 재료를 손질해 믹서기에 넣고 곱게 갈았다. 건강을 위한 의무처럼 느껴졌는데 이제 행복하게 느껴졌다. 고구마 하나, 달걀 두 개를 쪄서 아침 식사를 마쳤다. 간단하지만 배가 적당히 불러서 기분이 좋았다.

가족 다음으로 마음을 나눌 수 있는 현민 언니가 있다. 장난기 많고 호탕하다. 공감 능력이 뛰어났다. 동물연대, 국경 없는 의사회. 여러 곳에 기부하고 있다. 좋은 일을 꾸준히 하며 덕을 쌓아가고 있는 사람이다. 암 진단을 받고 언니한테 전화를 걸었다. "나 암이래." 그 한마디에 눈물을 뚝뚝 흘렸다. 동정심이 아닌 공감 위로 진심이 느껴졌다. 거기에 그치지 않았다. 매일 기도하고 경전 사경을 했다. 이겨낼 수 있다고 용기를 주었다. 같이 산책도 하고 운동도 했다. 누가 나를 위해 울어주고 기도해주는 사람이 있을까. 돌이켜 생각하면 잘해왔고 잘 살아온 나였다.

미대 나온 언니는 그림을 잘 그린다. 노래도 잘 부른다. 나에게 없는 재능이 언니한테 다 있다. 한여름 밤 해운대 바닷가에 갔다. 음악이 나오는 스피커와 마이크, 돗자리를 들고 나갔다. 화려한 해운대 네온사인과 더위를 식히려고 나온 가족 연인 학생들이 백사장에 모여 밤바다의 정취를 느끼고 있다. 언니와 나도 자리를 펴고 앉아 달빛에 반짝이는 밤바다를 봤다. 언니는 마이크를 잡더니 러브이즈메니 스프렌더싱을 불렀다. 굵은 중저음의 음색은 감정을 더 풍부하게 만들었다. 울려 퍼지는 멜로디와 파도 소리가 어우러졌다. 눈물이 났다. 낭만에 취해 행복감이 가득했다. 욕심내고 더 바랄 것이 있겠는가? 만족힐 줄 알면 즐거운 것이었다.

바람이 살랑이는 봄이다. 현민 언니와 경주 분황사에 가기로 했다. 향기로운 임금이라는 뜻이 있는 절이다. 분황사 앞 황룡사지에는 청보리밭 사이로 핀 유채꽃, 붉고 화려한 양귀비꽃을 보고 있자니 눈이 즐겁다. 참새 지저귀는 소리가 들리고 저 멀리서는 두꺼비 우는 소리도 들렸다. 우리나라 국보 모전 석탑 향로에 향을 피웠다. 초를 사고 발원문에 건강 성취 소원도 적었다. 초에 불을 켜고 초가 잘 타는지 관찰도 한다. 초가 꽃을 피우면 모든 일이 잘 풀린다고 한다. 꽃이 활짝 피었다. 대웅전 금동 약사여래불 앞에 절을 올렸다. 두 손 모아 인사를 했다. 살아있어 감사할 뿐이었다. 절에 다니면서 많은 위안을 얻었다. 눈물을 흘리기도 했고 잘못을 빌기도 한곳이다. 2년 넘도록 언니와 같이 빌었다. 고마운 사람이다. 평범한 하루가 특별해지는 순간이다.

암이 재발할까 두려운 순간이 있다. 그럴 때면 거울 앞에 서서 머리를 질끈 묶는다. 공포가 밀려올 때마다 하는 절차였다. 빨랫감들을 모아 손빨래했다. 책상에는 컴퓨터, 쌓인 책과 노트 이리저리 굴러다니는 볼펜과 메모지, 절에서 들고 온 잡지, 선물 받은 작은 인형, 약봉지, 병원에서 받은 휴대용 물티슈가 널브러져 있다. 책상 밑에 책이 켜켜이 쌓여 있다. 기억의 창고도 정리 안 한 쓰레기 더미 같은 것인지 모르겠다. 다 비워야지

하는 욕구가 강하게 올라왔다. 큰 박스를 들고 왔다. 나눔할 책들을 분리하고 소장할 책을 50권 정도 남겨 두었다. 쓸만한 볼펜들은 두고 종량제 봉투에 다 집어넣었다. 옷장 문을 열었다. 옷 장사해도 손색이 없었다. 아쉬운 마음에 옷을 한번 입어 보고 인사를 하고 옷 수거함으로 분류했다. 모조리 다 버렸다. 세월을 고스란히 다 보여주는 나의 모습과 이별하는 순간이었다. 암에 걸리기 전 생활 모습 추억까지도 버렸다. 텅텅 비워진 옷장. 운동복만 덩그러니 걸려 있다. 홀가분해졌다. 뽀얗게 쌓인 먼지를 정성스럽게 닦아냈다. 이부자리 정리하고 쓰레기를 버리고 목욕하고 나오면 내 몸이 개운했다. 책을 읽으며 위로받을 수 있는 문장들을 찾아봤다. 책은 위로는커녕, 콧방귀를 뀌게 만들었다. 좋은 말들로 가득한 글귀들은 현실과는 멀게 느껴졌다. 그때부터였다. 언젠가는 나도 글을 쓰겠다고, 사람들에게 현실적인 조언과 공감, 위로를 줄 수 있는 멋진 글을 쓰고 싶다고 생각했다. 정신없이 청소하고 나면 재발 공포에서 벗어날 수 있었다.

수척했던 엄마는 흑염소를 먹고 기운을 차렸다. 살도 예전만큼 올랐다. 그동안 입맛을 잃어 식사를 못 했다. 엄마가 있어야 내가 살 수 있다고 툴툴거린 효과가 있다. 맞는 말이나. 모진 삶을 견딜 수 있었던 건 30년 넘게 운동을 한 덕분이다. 스트레스를 운동으로 푼다고 했다. 배에 복근도 단단하게 있었다. 나도 헬스 등록을 했다. 30회 개인 운동 끊었다. 어깨가 으쓱해졌다. 살고자 하는 의지가 생겼다.

잠옷 바람으로 거실에 앉아 책을 펼쳤다. 몇 장 읽다 말고, TV를 켜고 넷플릭스를 켰다. 발견한 사극 드라마를 조금만 보자고 생각했는데, 정주행하고 말았다. 어느새 해가 뉘엿뉘엿 기울고 있었다. 시간에 쫓기지 않고 간섭하는 사람도 없고 마음이 여유로웠다. 별일 없이 흘러가는 시간이 소중한 날들이었다.

정기 검진에서 아무 이상 없음을 확인받았는데, 한 달 후 암이 재발했다. 가슴에 통증이 있었고, 뇌로 전이가 되었다. 내성이 생기기 전까지 전이 약을 먹어야 했다. 암을 없애기보다는 생명 연장에 가깝다. 부작용도 있다. 머리카락도 듬성듬성 빠질 거라고 했다. 두려운 마음은 들었지만, 마음은 덤덤했다. 이젠 정보 글을 찾아보지는 않는다. 억울하고 분해서 울지도 않는다. 대신 일상을 지키려 애썼다. 글 쓰는 수업을 들으며 글 쓰는 연습을 했다. 자격증을 따기 위해 강좌도 들었다. 노후 계획도 했다. 경제적 자유를 얻기 위해 타로 수업도 열심히 했다. 왜 또 이런 일이 생겼는지 묻지 않았다.

병원에 갔다. 다시 검사가 시작됐다. 긴장하지도 않았다. 여유 있게 커피 한 잔을 마셨다. 주차장에서 하늘을 바라보았다. 그럼에도 불구하고, 나는 살아간다. 암을 이겨내는 일도 나의 일상이다. 덤덤하게 받아들이고, 상처를 덜어내는 게 필요하다. 여전히 항암 치료하고 있다. 다시 살아간다. 청소, 빨래, 운동 같은 매일의 일상이 나를 지켜준다. 씩씩하다. 내 몸에는 암 덩어리가 있다. 더 많이 사랑하고 응원한다.

암 치료 기간 2년이다. 흔적을 훈장처럼 여기기로 했다. 시간을 겸허히 그리고 감사하는 마음으로 받아들인다면 오히려 더 멋있어 보이지 않을까. 재발한 암을 마주할 때면 어떻게 이겨낼까가 아니었다. 세월은 무기도 족쇄도 아니었다. 지금 내겐 무탈한 것이 행복이기 때문이다. 살아보려고 바둥바둥 애썼던 마음을 놓았다.

## 내가 먼저 물었고, 아이는 울며 대답했다

### 황은미

지한이에게 조심스럽게 물었다. 엄마가 언제 제일 무서워? 잠시 망설이던 아이가 작게 말했다. "화낼 때요." 무서웠던 기억이 떠오른 듯 눈물을 흘리며 말했다. "지한아, 엄마 지금 화내는 거 아닌데 왜 울어? 울지마." 조용하게 이야기했다. 내가 바뀌고 싶어서 시작한 대화다. 지한이의 감정을 끝까지 들어주고 싶었다. "엄마가 언제 무서웠어?" 아이 대답은 예상보다 단순하고 무거웠다. "그냥, 엄마 화내는 게 다 무서워요." 특정한 장면이 아니라 화내는 엄마 자체가 무서웠다고 했다. 최근 기억 중 엄마가 화를 낸 어떤 장면을 떠올렸을지 궁금해 물어보았다.

며칠 전 학원 숙제를 하다가 두 자리 곱셈을 잘못 풀었을 때 일을 말했다. 그날 나는 이 방식이 맞아? 하고 물었다. 목소리가 높아지긴 했다. 화를 낸 게 아니었다. 지한이는 엄마가 화냈다고 기억하고 있다. 말을 듣고 가슴이 철렁했다. 이 정도의 말을 엄마가 화를 낸다고 느껴졌다면 아이에게 자주 화를 낸 사람이구나.

예전에 친구 엄마와의 대화가 떠올랐다. 지한이는 엄마가 제일 무섭대요. 그땐 애들은 다 엄마가 무섭지. 하고 넘겼다. 그런데 이제 알 것 같았다. 나는 그냥 엄마라서 무서운 사람이 아니라 정말 무서운 엄마였다. 아이에게 내가 그렇게 비치고 있었다. 지한이에게 다시 물었다. "지한아, 그때, 엄마가 어떻게 했으면 지한이가 무섭지 않게 느끼고 괜찮았을까?" 지한이는 빨개진 눈으로 말했다. "실수해도 괜찮다고." 말끝을 흐리며 눈물을 보였다. 미안했다. "지한아, 미안해. 앞으로는 실수해도 괜찮다고 말할게."

그날의 대화는 길지 않았지만, 오래 남을 것 같다. 감정 없이 던진 말 한마디가 아이에게 화를 내는 것으로 보였음을 알게 되었다. 지금껏 나 자신에게는 관대했다. 괜찮다고, 잘하고 있다고 다독이고 실수해도 다시 해보자고 말했다. 스스로에게 자신감을 주었다. 정작 내 아이는 기다려주지 않았다. 작은 실수에도 다그치고 부족하면 지적부터 했다. 지한이에게 "괜찮아, 잘하고 있어."라는 말을 제대로 해준 적이 없었다. 어려운 말도 아닌데 해주지 못했다.

지난 5월. 지한이가 고모와 함께 서점에 다녀왔다. "엄마 책이 어디 있는지 찾아봤어요."라고 말했다. 말 한마디가 오랫동안 마음에 담겼다. 지한이가 엄마가 쓴 책을 찾아볼 줄 아는 나이가 되었다. 아이에게 자랑스러운 동시에 조심스럽고 긴장되는 사람이라는 게 부끄러웠다. 이제부터라도 조금씩 변하리라. 여유를 가지고 지한이를 바라보자. 다그치기 전에 침착하게 지한이 마음을 헤아려 보려 한다.

내가 먼저 마음을 여는 만큼 아이는 긍정적으로 변한다. 예전 같았으면 "엄마가 언제 무서워?"라고 물으면 다 무서워요. 하고 더 말을 이어가는 것이 어려웠을 것이다. 나는 질문을 바꿔서 물었다. "엄마가 무섭게 하지 않는 방법을 배우고 그 방법을 책으로 쓰려고 해. 엄마에게 알려줄래?" 그리고 덧붙였다. "지한이가 한 말 잊지 않고 녹음해서 듣고, 계속 배울게. 엄마에게 하고 싶은 말이 있는데 말을 못 하겠으면 문자나 음성메모로 말해서 보내줘." 지한이가 웃으며 알겠다고 했다. 조금씩 아이와 대화하는 방법을 배우고 있다. 그러기 위해서는 먼저 내 말투부터 바꿔야 한다. 응원해 주는 엄마, 다정하게 말하고, 들어주는 엄마가 되려고 노력하자. 이 과정 또한 나를 다듬는 엄마 노트에 담고 있다.

엄마로서의 나는 여전히 부족하다. 누군가에게 인정받고 싶었던 마음과 무엇이든 다 잘하고 싶은 욕심, 더 나은 사람이 되고 싶은 바람으로 살아왔다. 인정도 받았다. 하지만 가족 안에서 특히 엄마로서의 나는 충분하지 못했다. 아이를 키우며 이제야 감정과 태도를 돌아보게 됐고, 그 안에 있는 조급함, 불안, 후회, 그리고 사랑을 하나씩 마주하게 되었다. 달라져야 한다. 좋은 엄마가 되려면 나부터 바뀌어야 한다는 걸 알게 되었기 때문이다. 부모님께 받았던 기다림과 믿음처럼, 나도 내 아이에게 괜찮다고 먼저 말해 줄 수 있는 사람이 되고 싶다. 요즘은 마음을 아이에게 어떻게 전할 수 있을지 자주 생각한다. 내가 먼저 다르게 말하고, 기다리는 사람이 되어야 한다. 지한이가 실수해도 주눅 들지 않고, 자신의 감정을 말해도 괜찮다고 느끼게 하려면 엄마가 바뀌고 있는 모습이 기억으로 남아야 한다. 하루 만에 달라지진 않겠지만, 점점 달라지는 엄마의 말투와 눈빛, 기다리는 모습이 조금씩 아이 안에 스며들기를 바란다.

조금씩 달라지고 있다고 말하면서도 흔들린다. 바쁘고 피곤한 날이면 다시 예전처럼 날카로운 말투가 나온다. '아, 또 무섭게 말했네. 그러지 말걸.' 하고 후회하는 날도 있다. 학교에서 돌아온 지한이가 말했다. "엄마, 요즘엔 화 안 내서 좋아요." 아무렇지 않게 툭 던진 그 말이 종일 머릿속을 맴돌았다. 달라지고 있다는 걸 아이도 느끼고 있다. 변화는 큰 말이 아니라 문득 건네는 말 한마디 속에 담겨 있다. 예전 같았으면 지나쳤을 아이의 작은 실수를 이젠 조금은 다르게 바라보려 한다. "괜찮아, 다시 해보자." "실수해도 괜찮아." 이런 말들이 아직은 자연스럽게 나오지 않는다. 한번 생각한 뒤 나오지만, 생각한 자체가 달라진 모습의 시작이다. 아이보다 내가 더 자라고 있는 것 같다.

"지한아. 숙제 다 하면 말해줘. 엄마 기다릴게."

아이를 키우는 일은 결국 아이를 통해 나를 다시 배우는 일이라더니 맞는 말이다. 지한이를 기다리는 법을 배우면서 예민하고 조급한 엄마에서 기다릴 줄 아는 여유 있는 엄마로 변해 가고 있다. 쉽지 않지만, 방향을 알게 된 것만으로도 다른 하루를 살고 있다고 믿는다. 변화는 유지하기가 어렵다. 다시 돌아보고 정리하는 과정도 필요하다. 반복하다 보면 자라고 있는 아이들 곁에서 조금씩 발전한다. 무서운 엄마보다 따뜻한 엄마를 느끼도록 나부터 달라지는 중이다.

### 마치는 글

## 강혜진

가족에 대해 토해내듯 글을 쓴 후 다시 읽어보며 깜짝 놀랐다. 나에게 이렇게나 힘든 과거가 있었구나 깨달았기 때문이다. 신혼, 육아. 머물러 있던 그때가 참 암울했다. 잊고 싶었던 그때를 쓰며 혼자 많이 울컥했다. 그리고 깨달았다. 가족 때문에 힘든 줄 알았지만, 사실은 가족 덕분에 이만큼 성장할 수 있었다는 것을. 아내이자 엄마인 내가 그때보다 조금 나은 사람이 되어가고 있다는 것, 덕분에 감사하다는 것을 독서하며 이제야 알게 되었다. 가족이 이 책을 읽으며 그 고마움을 헤아려주었으면 좋겠다.

### 김미애

　　《평범한 날들을 특별하게 만드는 글쓰기》라는 첫 번째 공저 책을 출판하면서 남편에게 자랑하고 칭찬도 받고 싶었다. 남편은 출판사의 꼬임에 넘어간 거라며 내 책을 사지도, 읽지도 않았다. 그런데 이상하다. '두고 봐. 글쓰기를 열심히 해서 책을 많이 내고 베스트셀러 작가가 꼭 될 거야' 나에게 꿈이 생겼다. 남편의 부정적인 말들이 나를 더욱더 강하게 만든다는 것을 깨달았다. 남편과 나의 이야기를 쓰면서 눈물이 났지만, 속이 후련했다. 아팠던 상처가 치유되는 기분이었다. 글을 쓰면서 남편의 차가운 거절과 모진 말들이 자존감 낮고 나약했던 나를 강하고 단단하게 성장시킨 연료가 되었다는 것을 깨달았다. 남편 덕분에 지금 행복한 삶을 살아가는 내가 존재할 수 있음에 감사하게 되었다.

### 김선호

　　누구나 '죽음'을 피할 수 없습니다. 사랑하는 사람과의 영원한 이별을 경험하게 되면 상상하지도 못하는 상실감에 몸서리치게 됩니다. 진정한 '애도'는 무작정 슬픔을 참고 떠나간 사람을 잊으려고 하는 것이 아닙니다. 충분히 슬퍼하고 그와 함께했던 시공간을 재구성하며, 곁에 있는 가족과 손을 맞잡고 함께 걸어가는 것이 바로 '애도'입니다. 이별 후, 건강한 몸과 마음을 위해 반드시 필요한 '애도' 이야기. 여러분은 충분히 '애도' 하고 계신가요?

**백현기**

어린 시절 아버지를 향한 원망은 결국 나 자신을 갉아 먹는 독이었다. 그 독을 해독해 준 건 다름 아닌 '자기 계발'이었다. 나를 이해하고, 더 나은 사람이 되기 위해 노력하는 과정에서 조금씩 깨달았다. 과거의 아픔에 묶여 있는 것은 아무 도움 되지 않는다는 것을. 오히려 나를 일으켜 세우는 힘이 더 강하다는 것을. 그 힘은 스스로 만들 수 있고, 꾸준함에서 나온다는 것까지. 모든 과정이 진정한 자기 계발이라는 진실을 알게 되어 기쁘다.

### 신민진

　　　가족 이야기는 참 어렵다. 크게 보면 분명 사랑이지만, 그 사랑 안에는 열매의 잔뿌리처럼 여러 갈래의 감정이 얽혀 있어 쉽게 길을 잃곤 한다. 사랑은 때때로 잔소리, 질투, 의존, 걱정, 거리감, 통제, 거친 말처럼 다른 모습으로 우리 앞에 나타난다. 하지만 그런 것들은 결국 사랑을 감싸고 있는 포장지일 뿐이었다. 볼품없는 포장지에 마음 다치기보다, 그 안의 사랑을 바라볼 수 있다면 사랑의 물줄기는 나를 통해 쉼 없이 흐를 것이다. 이제는 그 사랑을 좀 더 곱고 예쁜 포장지에 담아 나의 가족에게 전하고 싶다.

### 쓰꾸미

　　　주말, 낮잠을 거실에서 아들, 딸과 같이 잤다. 아내가 먼저 깨서 자는 모습에서 지나가듯 말했다. 크기만 다르지, 똑같다고. 아내와 결혼식을 마치고, 아내 친구들과 만나서 밥을 먹으면서도 우리 가족들은 바로 알아보겠다고 했다. 어렸을 때 누나들과 닮았다는 말. 싫었다. 내 눈에만 누나 여섯 명이 다르게 보였다.

가끔 우찬(아들)이가 본인 의견을 들어주지 않는다며 대화 중에 투덜거렸다. 따라 하지 않았으면 하는 행동마저 닮아버린 아들의 꼬라지 보며, 불편했다. 불편한 부분이 내 아들의 잘못된 모습 때문에 불편한 것인지, 아니면 내 단점을 마주해서 불편한 것인지 고민했다. 고민한 만큼 성숙해진다고 믿는다.

**안지언**

아이 성장 일기를 쓰기 시작했지만 쓰는 날보다는 적지 않는 날이 많았다. 아이 마음을 깊이 들여다보고 싶었다. 엄마라는 이유로 아이를 힘들게 한 적은 없는지 되돌아보는 시간이 필요했다. 이 과정에서 먼저 나를 돌보는 것이 중요하다는 걸 깨달았다. 무료로 듣게 된 책 쓰기 강의가 인생을 바꿔 놓았다. 글을 쓰면서 진짜 모습을 마주하게 되었다. 글을 쓰지 않았다면 가족의 소중함을 놓칠 뻔했다. 따뜻한 도움으로 시작한 글쓰기가 한 권의 책이 되었다. 기적 같은 순간의 기쁨을 함께 나누고 싶다.

**이연화**

　　　　나에게 글을 쓰는 일은 나를 알아가는 과정이다. 행복했던 순간과 마주하며 삶을 살아가는 이유를 발견한다. 그 마음을 글에 담아 독자들과 나누고 싶다. 가족에 대한 글을 쓰면서 아픔과 상처를 돌아보면서도 가족 덕분에 변화하고 강해질 수 있었다. 글을 쓴다는 것은 행복한 경험이다. 경험을 통해 우리는 성장하고 나아갈 수 있는 힘을 얻게 된다. 우리 안에는 이미 변화의 씨앗이 심겨 있다. 자신을 믿고 나아가 보자. 행복으로 가는 문이 열릴 것이다.


**정일인**

　　　　지난 2년간 살아온 시간은 기적이었다. 암 치료 기간 동안 전전긍긍하고 고통의 나날이 끝나지 않았다. 내 옆을 지켜주는 가족, 친구, 지인, 사랑하는 사람이 있어 삶을 성실하게 이겨 나갔다.

　글을 쓰는 동안 어린 나를 만났다. "그동안 애썼어, 사랑해."라고 말해주었다. 글쓰기를 통해 부정적인 에너지로부터 자유로워졌다. 절망 속에서도 희망을, 고통 속에서도 사랑을, 죽음을 마주하고서도 삶의 아름다움을 발견할 수 있었기 때문이다. 숨을 들이마시고 내쉬며 감사한 마음으로 살아간다.


**황은미**

　　글쓰기는 성장을 이끈다. 지금까지 이론 중심의 논문이나 논술, 컨설팅 글을 쓰다가 첫 에세이에 도전했다. 내 일상을 표현하거나 감정을 담백하게 드러내는 일은 생각보다 쉽지 않았다. 글감을 찾는 것부터 난관이었다. 주제와 연결할 경험이 쉽게 떠오르지 않았고, 쓰고 지우기를 반복하며 좌절했다. 그럼에도 끝까지 포기하지 않고 이 도전을 마무리하고 싶었다. 글이 써지지 않는 날에도 머릿속에서 글 생각이 떠나지 않았다. 집중하다 보면 두세 시간이 훌쩍 지나 있었다. 엄마로서 부족함을 느끼며 반성했던 순간들과, 일상 속 작은 변화들로 성장한 이야기를 진솔하게 기록했다. 작가로서 한 걸음 더 성장했음을 느낀다.